AF196822

Wer hat es erfunden?
Schlaue Menschen und ihre Erfindungen

Erzählt von Anne Ameri-Siemens
Illustriert von Becky Thorns

Konzeption, Redaktion und Design
von Kleine Gestalten

Herausgegeben von Robert Klanten
und Maria-Elisabeth Niebius

Design und Layout von Melanie Ullrich
Layout Assistenz von Stefan Morgner
Schriften: Karlo von Sofie Beier,
FF Providence Sans Pro von Guy Jeffrey Nelson

Druck: Gutenberg Beuys Feindruckerei GmbH,
Langenhagen

Hergestellt in Deutschland

Erschienen bei Kleine Gestalten, Berlin 2021
ISBN 978-3-89955-106-8

Erster Nachdruck, 2022

Die englische Ausgabe ist unter der
ISBN 978-3-89955-133-4 erhältlich.

© Die Gestalten Verlag GmbH & Co. KG, Berlin 2021

Weitere Informationen und Buchbestellungen
unter www.kleine.gestalten.com.

Bibliografische Information der Deutschen
Nationalbibliothek. Die Deutsche Nationalbibliothek
verzeichnet diese Publikation in der Deutschen
Nationalbibliografie; detaillierte bibliografische Daten
sind im Internet über www.dnb.de abrufbar.

Dieses Buch wurde auf FSC®-
zertifiziertem Papier gedruckt.

MIX
Papier aus verantwor-
tungsvollen Quellen
FSC® C009051

Anne Ameri-Siemens schreibt unter anderem für
die *Frankfurter Allgemeine Sonntagszeitung* und das
Süddeutsche Zeitung Magazin. Für die Verfilmung
ihres Spiegel-Bestsellers *Für die RAF war er das System,
für mich der Vater* war sie 2008 für den Grimme-Preis
nominiert. Anne Ameri-Siemens lebt in Berlin.
Wer hat es erfunden? ist ihr erstes Kinderbuch.

Becky Thorns ist die Illustratorin des preisgekrönten
Kleine-Gestalten-Bestsellers *Die Welt der Wale.* Seit
dem Abschluss ihres Kunststudiums an der Falmouth
University 2015 arbeitet sie als Illustratorin und
Typografin. Becky Thorns lebt in Cornwall, England.

Wer hat es erfunden?

Schlaue Menschen und ihre Erfindungen

Erzählt von Anne Ameri-Siemens

Illustriert von Becky Thorns

KLEINE
GESTALTEN

WOHER KOMMEN DIE DINGE?

Es gibt so viele Dinge, die in unserem Alltag selbstverständlich sind: Bücher, Computer, Smartphones oder Post-its. Oder denk mal an deinen Schulweg: Vielleicht steigst du dafür aufs Fahrrad? Unterwegs hältst du bestimmt an ein paar Ampeln an, nach der Schule gehst du ins Kino, zum Fußballspielen oder holst dir ein Eis. Erfindungen, die unsere Welt verändert haben, sind überall in unserem Leben. Einige sind das Ergebnis vieler Jahre Arbeit im Labor, mal von wenigen Personen, mal von großen Teams. Andere Erfindungen ergaben sich aus alltäglichen Situationen. Manche waren sogar Zufall. Mach dich auf eine faszinierende Reise durch die Geschichte und finde heraus, wie Menschen mit ihren Einfällen großartige Dinge erfanden, Chancen in ihrem Leben ergriffen, an ihre Ideen glaubten und mutig genug waren, um Neues auszuprobieren.

Übrigens, beim Lesen wird dir öfter das Wort „Patent" begegnen: Ein Patent ist eine Urkunde, die bescheinigt, wer eine Erfindung gemacht hat. Ohne die Erlaubnis der Erfinderin oder des Erfinders dürfen andere die Erfindung nicht nachbauen oder Geld damit verdienen.

Oben auf den Seiten stehen Jahreszahlen. Sie zeigen dir, wann eine Erfindung gemacht wurde. Manche sind erstaunlich lange her!

INHALTSVERZEICHNIS

FAHRRAD

Karl von Drais brachte die Welt ins Rollen:
Er erfand das Fahrrad. Das erste Fahrrad war wie ein Laufrad
für Erwachsene. Pedale wurden erst später erfunden.

Das aus Holz gebaute Zweirad von Karl von Drais, die Draisine, ist sozusagen das Urfahrrad. Über dem Vorderrad war eine Lenkstange angebracht. Es wog ungefähr 20 Kilogramm. Es heißt, von Drais sei besonders stolz darauf gewesen, dass er seine erste längere Fahrt von rund 14 Kilometern schneller zurücklegte als die Postkutsche, mit der man damals üblicherweise fuhr. Mit seinem Fahrrad schaffte er eine Geschwindigkeit von 15 Kilometern in der Stunde.

Ende des 19. Jahrhunderts wurden Fahrräder noch mit sehr großen Vorderrädern gebaut. Das Aufsteigen war ein Abenteuer: Man musste das Rad anschieben, bis es eine gewisse Geschwindigkeit erreicht hatte, und dann schnell aufspringen. Auch das Lenken war schwierig.

1880 konstruierte der italienische Turnlehrer Alexander Giovanni Battista Scuri ein Einrad, das den heutigen Einrädern schon sehr ähnlich war. Seine Erfindung hatte allerdings noch einen Lenker. Einradfahren ist heute ein beliebtes Hobby – es gibt Wettbewerbe und Rennen, auch im Rückwärtsfahren und im Slalom.

Über seine Erfindung machten sich manche Leute lustig, weil man sich beim Fahren mit den Füßen vom Boden abstoßen musste. Das sehe aus, als liefe man Schlittschuh auf Sand, sagten sie. Aber die Draisine hatte bald auch Fans. Manche Wissenschaftler sagen sogar, dass die Erfindung des Automobils durch Carl Benz im Jahr 1886 ohne die Erfahrungen mit der Draisine nicht denkbar gewesen wäre. Die Erfindung des Fahrrads verhalf auch Techniken wie dem Speichenrad oder dem Luftreifen zum Durchbruch.

Zurück zu den ersten Fahrrädern: Denis Johnson entwickelte in London eine verbesserte Version von Karl von Drais' Erfindung mit einem lenkbaren Vorderrad, aber immer noch ohne Pedale. Das Rad wurde Veloziped genannt und bekam den Spitznamen „Dandy Horse" – ein Pferd für schicke Städter. In den 1860er-Jahren entwickelte Pierre Michaux ein Fahrrad, das Pedale hatte. Nun war es möglich, das Fahrrad durch Treten vorwärtszubewegen. Das Sicherheitsfahrrad mit gleich großen Rädern war gegen Ende der 1870er-Jahre eine der wichtigsten Entwicklungen in der Geschichte des Fahrrads.

Bald wurde auch Kleidung für Frauen erfunden, die zum Radfahren passte: Hosenröcke und weite Hosen statt langer, schwerer Röcke.

Es hatte Pedale, die das Hinterrad über eine Kette antrieben. Das war der Anfang einer großen Erfolgsgeschichte. Heute werden weltweit jedes Jahr über hundert Millionen Fahrräder hergestellt.

Im 19. Jahrhundert fanden die ersten Radrennen statt. Die Tour de France ist heute das berühmteste Radrennen der Welt. Sie zählt nach den Olympischen Spielen und der Fußballweltmeisterschaft zu den größten Sportveranstaltungen der Welt. Die Schlussrunde findet auf den Champs-Élysées in Paris statt. Es gibt übrigens auch Menschen, die unter Wasser Rad fahren, um Rekorde

aufzustellen. Dafür braucht man Gewichte an den Rädern, sonst würde das Fahrrad nicht auf dem Boden bleiben.

In den 1960er-Jahren hatten dann ein paar Jugendliche in den USA Spaß daran, ihre Fahrräder umzubauen, um damit Sprünge und Tricks machen zu können: Sie erfanden das BMX-Rad. Sie fuhren auf hügeligen Feldern, über Treppenstufen, aber auch in leeren Swimmingpools. Heute gibt es große BMX-Parks und -Hallen. Bicycle Motocross (BMX) Racing ist seit 2008 sogar eine olympische Disziplin.

Fahrradhelme wurden schon vor
etwa hundert Jahren hergestellt.
Anfangs waren sie aus Leder und
hatten innen Schläuche, die den
Kopf bei einem Sturz schützten.
Unter dieser Art von Helm wurde
es schnell ziemlich heiß. Heute
haben Helme Luftzufuhr und
sehen cooler aus.

Dänemark gilt als besonders
fahrradfreundliches Land.
Von zehn Menschen besitzen
dort neun ein Fahrrad.

REIFEN

Mit aufgeblasenen Gummireifen kann man schnell fahren,
und man spürt Bodenwellen nicht so stark. Anders als Holz
oder Metall haftet Gummi auch besser am Boden.

Dass der schottische Tierarzt John Dunlop das Patent für den luftgefederten Reifen bekam, war wohl gar nicht sein Plan. Eigentlich wollte er nur seinem Sohn Johnny helfen, der mit seinem Dreirad bei Rennen immer Letzter wurde.

Es heißt, Dunlop habe vor seiner Erfindung nie selbst auf einem Fahrrad gesessen. Aber er interessierte sich für das Material Kautschuk. Für seine Tierarztpraxis hatte er schon verschiedene Apparaturen daraus gebaut.

Diese brachten ihn auf eine Idee: Für Johnnys Dreirad klebte er mehrere dünne Gummistreifen zu einem Schlauch zusammen. Den umwickelte er mit einem Leinenstoff und pumpte ihn auf. Als Ventil benutzte er einen alten Schnuller. Und siehe da: Johnny gewann prompt das nächste Rennen. Das machte Dunlop neugierig: Ließ sich seine Idee weiterentwickeln?

Er tat sich mit dem Fahrradmonteur Robert William Edlin zusammen.

Mit den neuen Reifen gewann Johnny das nächste Rennen.

John Dunlop

Der Fahrradmonteur Edlin testete Dunlops Reifen. Sie funktionierten gut. Edlin raste auf ihnen durch die Stadt und wurde sogar von der Polizei angehalten – so schnell fuhr er!

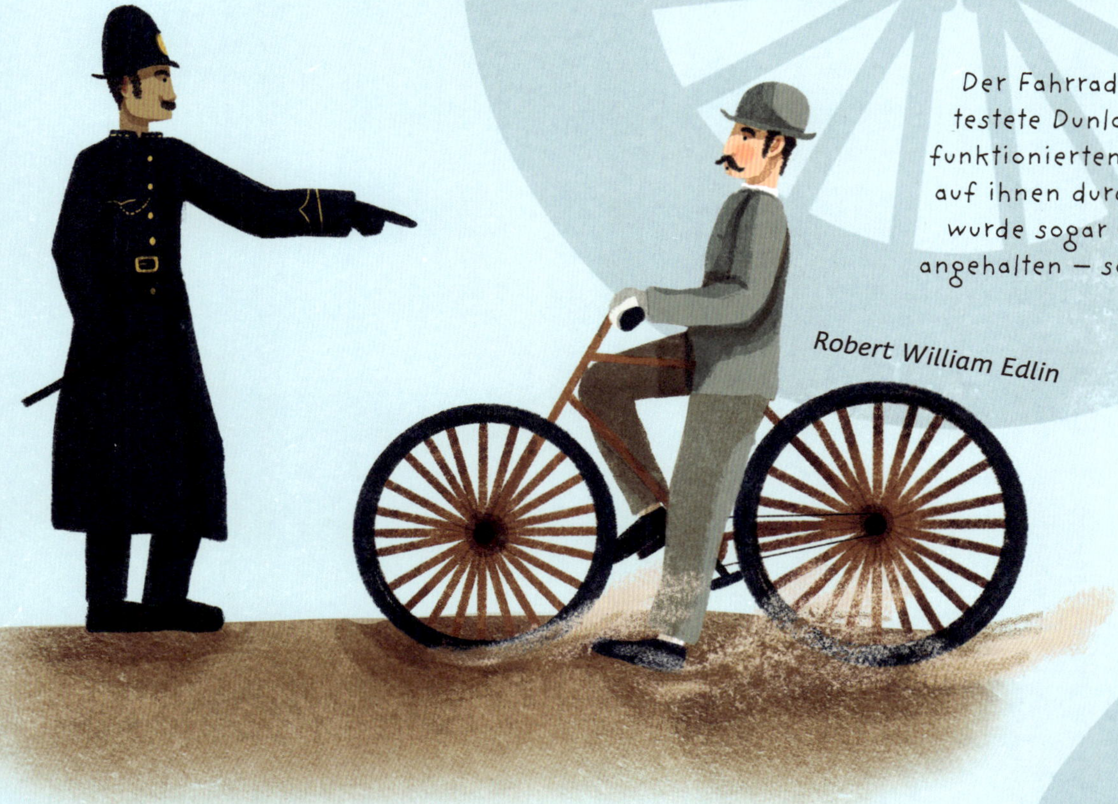

Ein professioneller Radrennfahrer verwendete schließlich die luftgefüllten Reifen und machte sie bekannt. Schon bald wollten viele ihre Räder damit ausstatten.

Zur Geschichte des Reifens gehört aber auch ein Mann, dessen Idee verloren ging. Eigentlich hatte der schottische Erfinder Robert William Thomson nämlich schon 40 Jahre vor Dunlop einen mit Luft gefüllten Reifen als Patent angemeldet. Aber das war einfach vergessen worden!

Dass man mit luftgefüllten Reifen sehr viel schneller fahren kann, ist heute kein Geheimnis mehr – fast alle Auto- und Fahrradreifen sind voll mit Luft.

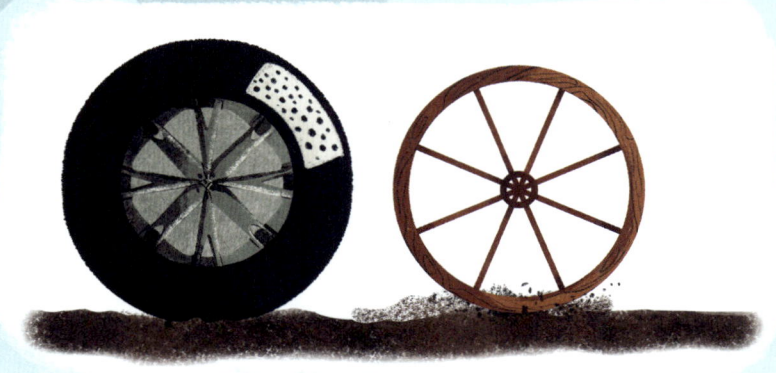

Aus Baumscheiben bauten Menschen die ersten Räder, die wirklich gut funktionierten. Das ist ungefähr 5.000 Jahre her. Wer das Rad erfunden hat und wann das ganz genau geschah, wissen wir nicht – aber ein Glück kam jemand auf die Idee. Sonst gäbe es heute keine Fahrräder, Skateboards oder Autos.

MOTOR

AB 1860

Es gibt über eine Milliarde Autos auf der Welt. Wahrscheinlich siehst auch du jeden Tag ziemlich viele. Hast du schon mal überlegt, wie ihr Motor erfunden wurde?

Vor 120 Jahren gab es über 100.000 Pferde in New York. Mit ihnen bewegte man sich damals fort. Das bedeutete auch, dass auf den Straßen der Stadt 1.200 Tonnen Mist landeten – jeden Tag!

Nicolaus August Otto war Kaufmann und reiste viel. Meist in der Pferdekutsche, so wie es zu seiner Zeit üblich war. Man weiß nicht genau, was ihn als Kaufmann dazu brachte, sich mit technischen Fragen zu beschäftigen. Vielleicht lag es daran, dass er oft tagelang unterwegs war und gern schneller vorangekommen wäre. Er überlegte jedenfalls, wie man eine „Kraftmaschine" bauen könnte. Vielleicht wusste er, dass der französische Erfinder Étienne Lenoir 1860 einen Verbrennungsmotor entwickelt hatte, der mit Gas betrieben wurde.

Nachdem er ein paar Jahre an seiner Idee gearbeitet hatte, lernte Otto einen anderen Erfinder kennen. Er hieß Eugen Langen und gemeinsam gründeten sie 1864 die erste Motorfabrik der Welt. Drei Jahre später stellten sie auf der Pariser Weltausstellung die Atmosphärische Gaskraftmaschine (auch Flugkolbenmotor genannt) vor. Das Besondere: Sie verbrauchte viel weniger Gas als andere Maschinen.

Otto war ein ehrgeiziger Erfinder und entwickelte außerdem einen Verbrennungsmotor, der mit einem Benzin-Luft-Gemisch betrieben wurde: den Ottomotor. Es gibt ihn als Viertaktmotor, zum Beispiel in Autos oder Schiffen, oder als Zweitaktmotor für Motorräder, Mopeds oder Rasenmäher.

Étienne Lenoir

1863 fuhr Étienne Lenoir in seinem dreirädrigen Hippomobile, das von seinem Motor angetrieben wurde, neun Kilometer weit.

Auf der Grundlage von Ottos Motor, gelang es dem Ingenieur Gottlieb Daimler und dem Motorenbauer Wilhelm Maybach, 1885 das erste Fahrzeug mit Verbrennungsmotor zu bauen. Sie nannten das zweirädrige Gefährt Reitwagen.

Schon bald folgten Motorkutschen auf vier Rädern. Diese wurden anfangs mit einem Hebel gesteuert.

In zwei oder vier sogenannten Takten verursacht der Ottomotor pro Minute Hunderte winzige Explosionen. Diese bringen über verschiedene Bauteile das Auto in Bewegung. Das geht so:

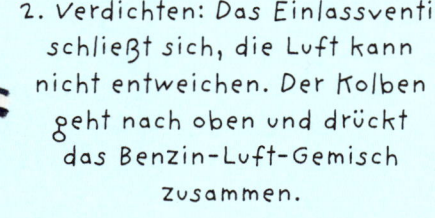

1. Ansaugen: Das Einlassventil wird geöffnet, der Kolben geht nach unten, in den Raum darüber strömen Luft und Benzin.

2. Verdichten: Das Einlassventil schließt sich, die Luft kann nicht entweichen. Der Kolben geht nach oben und drückt das Benzin-Luft-Gemisch zusammen.

3. Zünden und Arbeiten: Ein Funken entzündet das Gemisch und es verbrennt explosionsartig. Der Druck der sich ausbreitenden Gase drückt den Kolben wieder nach unten.

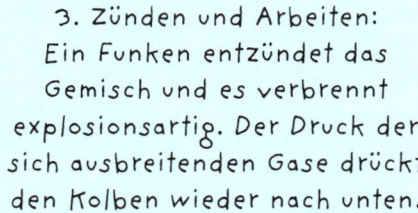

4. Ausstoßen: Ist der Kolben am tiefsten Punkt, öffnet sich das Auslassventil. Der Kolben bewegt sich erneut nach oben, die Abgase verlassen den Zylinder. Danach geht das Ganze von vorn los.

Nicolaus August Otto

DIESELMOTOR

AB 1893

Der Ingenieur Rudolf Diesel arbeitete ehrgeizig daran, den Verbrennungsmotor weiterzuentwickeln. Er sollte weniger Treibstoff verbrauchen als die bisherigen Motoren.

1897 hatte Diesel es geschafft: Sein Motor mit einer Leistung von 20 PS funktionierte. Neu war das Prinzip der Selbstzündung: Dafür wurde Luft im Motor durch Zusammenpressen auf mehrere Hundert Grad erhitzt. Wenn dann Kraftstoff eingespritzt wurde, entzündete er sich von selbst. Andere Ingenieure hatten das für unmöglich gehalten und Diesel als Träumer bezeichnet. Umso mehr freute es ihn, dass seine Idee funktionierte.

Er hatte in den darauffolgenden Jahren viel Erfolg und wurde Millionär. Seinen „Dieselmotor" entwickelte er immer weiter und überlegte, wo er noch eingesetzt werden könnte. Um Lizenzen für seinen Motor zu verkaufen, reiste Diesel um die Welt. Nach einigen Jahren endete das Glück des Erfinders aber: Er stürzte während einer Schiffsfahrt nachts ins Meer und konnte nicht gerettet werden. Wie es dazu kam, ist bis heute nicht geklärt.

Motoren werden noch immer weiterentwickelt. Das sieht man auch im Film: Die berühmte Filmfigur James Bond ist ein Geheimagent. Zu seiner Ausrüstung gehören Autos, die unfassbar schnell fahren und sich manchmal sogar in U-Boote verwandeln können. Nachdem James Bond über 50 Jahre Autos mit Verbrennungsmotor fuhr, ist er jetzt auf ein Auto mit Elektromotor umgestiegen. Auch im echten Leben entscheiden sich immer mehr Autofahrerinnen und Autofahrer dafür.

Rudolf Diesel

Auch in den Triebwerken von Flugzeugen oder Raketen sind Verbrennungsmotoren. Darin wird flüssiger oder fester Treibstoff verbrannt. Das Gas, das dabei entsteht, bewegt aber keinen Kolben, sondern schießt mit großem Druck an einer Seite heraus und drückt dadurch das Flugzeug vorwärts oder die Rakete nach oben.

Durch die Erfindung des Motors können Menschen heute sehr schnelle Fahrzeuge bauen. Es gibt aber auch Lebewesen, denen die Natur einen tollen natürlichen „Motor" mitgegeben hat: Das schnellste Landsäugetier ist der Gepard. Er schafft ein Tempo von über 100 Stundenkilometern. Mit bis zu 56 Stundenkilometern ist der Makohai im Ozean unterwegs.

VERKEHRSAMPEL

Wenn Autos über eine Kreuzung fahren, ohne dass geregelt ist, wer zuerst fahren darf, kann das gefährlich werden. Deshalb gibt es Verkehrsampeln, die anzeigen, wer anhalten muss und wer losfahren darf.

Selbst wenn Ampeln nicht in allen Ländern gleich aussehen, gelten die Signale „Rot = Stop" und „Grün = Los" überall. Die erste Verkehrsampel der Welt wurde im Jahr 1868 in London aufgestellt. Sie wurde per Hand bedient. Ein Polizist bewegte die Arme der Ampel nach oben, dann mussten die Fahrzeuge anhalten und die Fußgänger konnten sicher die Straße überqueren. Nachts wurden die Arme der Ampel rot und grün beleuchtet.

Die Idee, ein System mit elektrischen Signalen als Ampel zu verwenden, hatten mehrere Erfinder, unter anderem der US-amerikanische Polizist William Potts. Er überlegte sich auch, dass es nicht nur Signalfarben für „Anhalten" und „Fahren" geben sollte, sondern auch eine Gelbphase als Übergang.

Das gelbe Licht kündigt den Wechsel der Ampelphase an.

William Potts

Garrett Morgan

In den 1920er-Jahren baute der afroamerikanische Erfinder Garrett Morgan ebenfalls eine automatische Verkehrsampel. Sie sah aus wie ein „T" und hatte ein „Stop"- und ein „Go"-Signal. Sein Patent der Verkehrsampel verkaufte Morgan auch nach Kanada und Großbritannien. So wurde er ein erfolgreicher Geschäftsmann. Er erfand übrigens auch eine Gasmaske und ein Haarglättungsmittel.

Dass immer mehr Ampeln aufgestellt wurden, hatte zur Folge, dass immer weniger Polizisten den Verkehr regeln und das Risiko eingehen mussten, verletzt zu werden. Mitten auf einer Kreuzung zu stehen, war ein durchaus gefährlicher Job – und viele Polizisten waren froh, dass damit Schluss war. Die erste Verkehrsampel Deutschlands wurde übrigens 1924 auf dem Potsdamer Platz in Berlin in Betrieb genommen.

Wie funktionieren Ampeln eigentlich heute? Ein Signalzeitenplan legt fest, wie lange eine Ampel rot oder grün ist. Diese Phasen können auch abhängig vom Verkehr eingeteilt werden – mit verkehrsorientierten Ampeln, die durch Induktionsschleifen gesteuert werden. Das sind Drahtschleifen, die unter der Straßenoberfläche verlegt werden und durch die Strom fließt. So entsteht vor den Ampeln ein Magnetfeld. Das Feld erkennt wartende Autos.

Ampeln können auch mithilfe von Infrarotdetektoren gesteuert werden. Diese sehen aus wie kleine Kameras und nehmen Bewegungen in ihrem Umkreis wahr. So bemerken sie wartende Autos. Die Grün- und Rotzeiten können verlängert oder verkürzt werden, je nachdem, wie viele Autos unterwegs sind. So fließt der Verkehr, und Autos und Fußgänger müssen jeweils nicht zu lange warten. In großen Städten gibt es auch eine zentrale Verkehrsüberwachung, die gefährliche Kreuzungen per Video im Auge behält. Die Mitarbeitenden dort können per Knopfdruck einstellen, dass eine Grünphase verlängert wird.

1933 wurde in Kopenhagen die erste Ampel für Fußgängerinnen und Fußgänger aufgestellt. Mittlerweile gibt es sogar Fahrradampeln.

Nicht überall auf der Welt sieht das Ampelgrün gleich aus. In Japan gibt es Rot, Gelb und einen blau-grünen Farbton.

Es gibt an einigen Kreuzungen Ampeln mit besonderen Funkgeräten. Sie können Signale von Notarztwagen empfangen. Wenn das Funkgerät im Wagen das Signal „Achtung, wir kommen!" an das Funkgerät an der Ampel sendet, stellt die Ampel auf eine Sonderschaltung um: Nur die Richtung, aus der der Notarzt kommt, hat Grün. Wenn der Notarzt die Kreuzung gequert hat, wird die Sonderschaltung wieder ausgestellt.

In der Stadt Akureyri im Norden Islands leuchten seit einigen Jahren rote Herzen als Stoppsignale. Auf die Idee kam der Bürgermeister in einer Zeit, als viele Menschen in Sorge um ihre Arbeit und ihre Zukunft waren. Er wollte ihnen damit Mut machen.

Die Figuren von Fußgängerampeln sehen nicht in allen Ländern gleich aus: Es gibt auch Ampelfrauen, Ampelpärchen und andere Figuren – etwa Männchen mit Schirm.

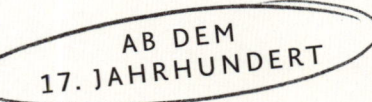

KAMERA

Heute kann man mit Digitalkameras und Smartphones ganz schnell Fotos machen. Ein Klick, und schon ist das Bild zu sehen. Das haben wir den Ideen vieler verschiedener Erfinder zu verdanken.

Die ersten Fotos hatten eine Belichtungszeit von acht Stunden. Stell dir vor, du müsstest so lange stillhalten, damit das Bild nicht verwackelt!

Das Wort „Fotografie" stammt aus dem Griechischen und bedeutet „zeichnen mit Licht". Einen einzelnen Erfinder der Kamera und der Fotografie kann man nicht benennen, denn viele Menschen haben über die Jahrhunderte mit ihren Ideen und Experimenten dazu beigetragen.

Ein wichtiger Meilenstein in der Geschichte der Kamera war die Camera obscura, was „dunkle Kammer" bedeutet. Eine Camera obscura ist ein lichtdichter Kasten (auch Lochkamera genannt), in den nur durch ein kleines Loch Licht fällt.

Joseph Nicéphore Niépce

Das erste erhaltene Foto der Welt zeigt die Aussicht aus einem Zimmer. Es wurde im 19. Jahrhundert von dem französischen Erfinder Joseph Nicéphore Niépce gemacht. Er nannte sein Verfahren Heliografie.

An der gegenüberliegenden Wand entsteht ein auf dem Kopf stehendes Abbild von dem, was sich vor dem Loch befindet. Dieses Prinzip beschrieb der Philosoph und Naturforscher Aristoteles schon in der Antike – vor knapp 2.400 Jahren.

Im 17. Jahrhundert entstanden die ersten tragbaren Kästen mit Linsen, die eine Art Urururgroßmutter der analogen Kameras waren, die heute noch von Fotografen benutzt werden. In analoge Kameras muss ein Film eingelegt werden.

Aristoteles

Louis Daguerre

Den nächsten wichtigen Schritt für scharfe Bilder machte der französische Maler und Erfinder Louis Daguerre, der ein Verfahren erfand, mit dem Bilder auf dünnen Metallplatten festgehalten werden konnten.

William Henry Fox Talbot

Dem britischen Erfinder William Henry Fox Talbot gelang mit der Herstellung von Negativen ein wichtiger Schritt in der Entwicklung der Fotografie. Sein Verfahren ermöglichte es, eine Fotografie durch Abzüge von diesem Negativ zu vervielfältigen. Du hast vielleicht schon mal ein Negativ gesehen: Das ist ein kleines Bild, bei dem Hell und Dunkel vertauscht sind.

Der US-amerikanische Erfinder George Eastman hatte viele Ideen, die das Fotografieren einfacher machten. Er entwickelte zum Beispiel den Rollfilm. Dieser ersetzte die bis dahin verwendeten Fotoplatten aus Glas, die sehr schwer waren und anfangs noch direkt nach dem Fotografieren in einem lichtdichten Zelt entwickelt werden mussten. Mit einem Rollfilm konnte man außerdem hundert Aufnahmen machen (statt, wie bisher, nur eine pro Fotoplatte). Kurz darauf erfand Eastman auch eine handliche Kamera. Stell dir vor: Die Kameras, in die man Fotoplatten steckte, waren dagegen etwa so groß wie eine Mikrowelle.

George Eastman

David Paul Gregg

Der US-amerikanische Wissenschaftler David Paul Gregg, der an der Stanford University arbeitete, erfand 1963 die erste Kamera, die Bilder elektronisch speichern konnte – wenngleich anfangs immer nur für wenige Minuten. Aber seine Videodiskkamera war ein weiterer großer Schritt in der Entwicklung der Fotografie.

Der kanadische Physiker Willard Boyle und sein US-amerikanischer Kollege George Elwood Smith entwickelten 1969 einen Chip namens CCD, um Bilder digital zu speichern. Vier Jahre später kam die erste Digitalkamera auf den Markt. Sie wog vier Kilogramm und konnte Bilder mit einer Auflösung von 100×100 Pixeln aufnehmen. Heute schafft eine Digitalkamera über 20 Millionen Pixel.

Greggs Kamera konnte Bilder mit einer sogenannten Videodisk für ein paar Minuten speichern.

AB 1872

KINEMATOGRAF

Als vor rund hundert Jahren zum ersten Mal bewegte Bilder in einem Kino gezeigt wurden, sprangen die Zuschauer von ihren Sitzen auf. Aber nicht aus Begeisterung – sie hatten Angst!

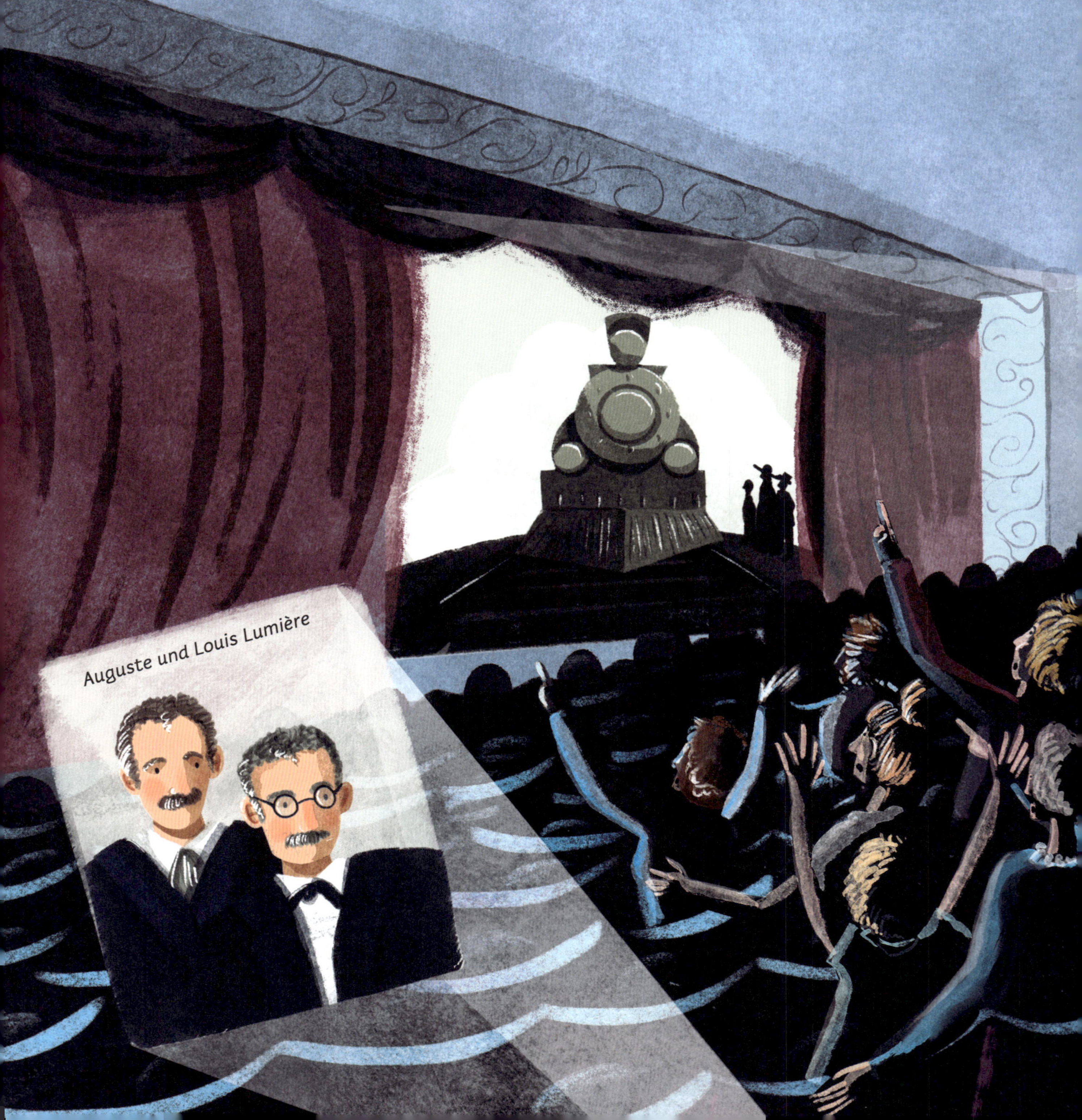
Auguste und Louis Lumière

Bei der ersten Kinovorführung in Paris, so wird es erzählt, gerieten die Menschen in Panik, weil der Film einen auf sie zurollenden Zug zeigte. „Hilfe, er rattert gleich in den Zuschauerraum!", fürchteten die Leute.

Bewegte Bilder auf einer Leinwand waren neu und überwältigend. Der Film wurde mit einem Kinematografen gezeigt. Mithilfe von Linse und Licht wurden die aufgezeichneten Bilder damit auf die Leinwand übertragen. Für den Apparat, der Filmkamera und Filmprojektor zugleich war, hatten die Brüder Auguste und Louis Lumière am 13. Februar 1895 ein Patent eingereicht. Sie erfanden damit das Kino und die Möglichkeit, einem größeren Publikum einen Film zu zeigen.

Von der Idee, dass man aus der Fotografie noch mehr entwickeln und bewegte Bilder schaffen könnte, waren damals viele fasziniert. Die deutschen Erfinderbrüder Max und Emil Skladanowsky nannten den von ihnen entwickelten Projektionsapparat Bioscop. Zu ihren ersten Filmen zählte zum Beispiel *Das boxende Känguru*. Such doch mal im Internet nach dem Film – vielleicht lässt er dich ja vom Sofa aufspringen?

Max und Emil Skladanowsky

Toll, das Känguru kann nicht nur boxen, sondern auch einen prima Schwitzkasten!

Leland Stanford

Eadweard Muybridge

Stanford hatte Recht: Wenn Pferde galoppieren, sind manchmal alle vier Hufe gleichzeitig in der Luft.

Und so entstanden die ersten bewegten Bilder: Der Pferdezüchter Leland Stanford (der übrigens auch die berühmte Stanford University in Kalifornien gegründet hat) wollte unbedingt beweisen, dass Pferde im Galopp alle vier Hufe in der Luft haben. Er beauftragte 1872 den Fotografen Eadweard Muybridge, ein Experiment zu machen. Dieser baute dann 1878 zwölf Kameras auf, die durch Drähte ausgelöst wurden, die am Boden gespannt waren. So bekam er eine Bildfolge, die aneinandergereiht die Bewegung des Pferdes abbildete. Das war ein Anfang!

Da Muybridge keinen Projektor hatte, zeigte er seine Serie *Pferd in Bewegung* in einem Zoetrop. Das sah aus wie eine runde Keksdose mit Schlitzen an der Seite. Innen waren die Bilder aufgeklebt. Schaute man durch die Schlitze und drehte die Dose, huschten sie so schnell vorbei, dass sie miteinander verschmolzen, und es sah aus, als bewege sich das Pferd. Probier es mal aus! So einen Zylinder mit aufgeklebten Bildern und Blickschlitzen kannst du zu Hause nachbauen.

Der schottische Erfinder William Dickson baute eine Art Ein-Personen-Kino, das er Kinetoskop nannte. Es war ein Guckkasten, in den genau eine Person schauen konnte, während ein Filmstreifen, aufgenommen mit einer ebenfalls von Dickson erfundenen Kamera namens Kinetograph, darin bewegt wurde. 1894 eröffnete am Broadway in New York ein Kinetoskop-Salon. Schon bald machten mehr dieser Salons auf – auch in Deutschland.

Aber: Bei diesen ersten Filmen gab es keinen Ton. Das wollten Dickson und sein Chef Thomas Alva Edison ändern. Deshalb wurden die Salons mit Phonographen ausgestattet. Damit konnte Ton aufgenommen und abgespielt werden. Am 24. Dezember 1877 hatte Edison bereits sein Patent für diese „Sprechmaschine" eingereicht. Ja, Erfinderinnen und Erfinder machen auch an Weihnachten keine Pause!

William Dickson

Heute werden Kinofilme aufwendig produziert, was unglaublich teuer sein kann: wegen Special Effects, Computeranimationen oder den Gagen der Schauspielerinnen und Schauspieler. Zu den teuersten Filmen aller Zeiten gehören *Spider Man* (etwa 286 Millionen US-Dollar) und *Fluch der Karibik 3* (etwa 370 Millionen US-Dollar).

Die Entwicklung der Kinotechnik ging weiter und heute ist es für uns normal, jederzeit im Kino oder zu Hause Filme schauen zu können.

COMPUTER

Man findet sie heute überall – ob in Autos oder Waschmaschinen. Computer sorgen dafür, dass Automaten in Fabriken laufen und die Apps auf dem Smartphone oder Tablet funktionieren.

Schon im 19. Jahrhundert wurde ein Vorläufer des Computers entwickelt, den wir heute kennen. Der britische Mathematiker Charles Babbage wollte die erste programmgesteuerte Rechenmaschine bauen. Dafür entwarf er 1837 die Analytische Maschine. Sie sollte gleich einige Meter lang und hoch sein und aus Zehntausenden Zahnrädern, Scheiben und Schrauben bestehen. Für den Antrieb der Räder und Getriebe hatte Babbage eine Dampfmaschine geplant. Ähnlich wie moderne Computer heute sollte die Maschine einen Speicher für Zahlenwerte und eine Recheneinheit zum Verarbeiten von Daten haben. Mit der Analytischen Maschine wäre es möglich gewesen, komplexe mathematische Gleichungen zu berechnen.

Das erste Programm für die Maschine schrieb die britische Adlige Ada Lovelace. Sie war ein Mathematikgenie und verstand, welche Möglichkeiten die Analytische Maschine bot. Sie erstellte ein Testprogramm aus Lochkarten, mit dem die Maschine programmiert werden sollte. Lovelace gilt damit als erste Computerprogrammiererin der Geschichte.

Die Daten für die Analytische Maschine wurden in Papier gestanzt und ergaben so ein Lochmuster.

Babbage arbeitete bis zu seinem Tod an seiner Maschine, es gelang ihm aber nur einen Teil davon zu bauen. Tatsächlich hätte die Analytische Maschine große Wirkung gehabt: Mathematische Tabellen wurden damals noch von Hand erstellt – und du weißt sicher selbst, wie lange abschreiben dauert und wie schnell sich dabei Fehler einschleichen.

Ada Lovelace

Charles Babbage

„Harvard Computers" wurde übrigens eine Gruppe von Frauen genannt, die ab 1877 für die Sternwarte der berühmten gleichnamigen Universität in den USA arbeitete. Die Frauen bestimmten und kategorisierten Tausende von Sternen per Hand. Sie wurden für ihre Leistung aber schlecht bezahlt und erhielten nicht genug Anerkennung. Einige von ihnen waren besonders talentiert und willensstark. Und obwohl sie als Frauen keine Teleskope benutzen durften, sondern mit Fotografien arbeiten mussten, machten sie wichtige Entdeckungen. Eine von ihnen war Henrietta Swan Leavitt, die später eine bekannte Astronomin wurde.

Zurück zum Computer: Das sind Maschinen, die nach den Regeln eines Programms arbeiten. Ein Programm wiederum besteht aus einer Reihe von Befehlen,

Henrietta Swan Leavitt

Einer der ersten Computer, die man sich Ende der 1970er-Jahre für sein Zuhause anschaffen konnte, war der Commodore PET.

die in einer Sprache geschrieben sind, die der Computer versteht.

Grace Hopper erfand 1955 die Computersprache FLOW-MATIC. Das war ein wichtiger Schritt, um Computerprogramme in einer Sprache zu schreiben, die wir alle verstehen. Dank Hoppers Idee und Arbeit wurde die Programmiersprache COBOL („Common Business-Oriented Language") entwickelt. Sie wird bis heute verwendet und brachte Hopper die Spitznamen „Grandma Cobol" und „Amazing Grace" ein. Hopper begeisterte sich schon als Kind für Mathematik und Technik, und mit ihrer Arbeit wurde sie zu einer Pionierin der Informatik.

Der Begriff „Bug" für Softwarefehler hat übrigens auch mit Hopper zu tun.

In den USA werden kleine Insekten „bug" genannt. In den 1940er-Jahren fiel wegen einer Motte ein Computer aus, mit dem Hoppers Team arbeitete. Die tote Motte wurde mit folgender Anmerkung in das Logbuch des Teams geklebt: „Das erste Mal, dass tatsächlich ein ‚Bug' gefunden wurde." Heute wird das Beheben von Programmfehlern deshalb „Debugging" genannt.

Auf dem Smartphone sind Apps (sogenannte „application software", also „Anwendungssoftware") installiert. Das sind Programme, die es möglich machen, Musik zu hören, Bilder zu malen, Tagebuch zu führen, anderen zu schreiben, Videos zu filmen oder Spiele zu spielen.

Grace Hopper

Ein Tablet ist im Prinzip ein Smartphone – nur größer. Es gibt Spiele, die extra für Tablets programmiert werden und bei denen man zum Beispiel durch Bewegen des Tablets ein Auto steuert.

WORLD WIDE WEB

Dank des World Wide Web können Inhalte im Internet bereitgestellt werden. Es ist ein gigantisches Netz aus Informationen, in dem du so ziemlich alles findest, was du dir vorstellen kannst.

Der britische Computerspezialist Tim Berners-Lee erfand das World Wide Web (WWW). Er arbeitete an einer Idee, um sich einfacher mit anderen Wissenschaftlerinnen und Wissenschaftlern austauschen zu können und Forschungsergebnisse im Internet miteinander zu verbinden. Dafür entwickelte er die Hypertext-Auszeichnungssprache (HTML), eine Sprache, die Computer lesen und damit digitale Dokumente erstellen können, wie zum Beispiel die ersten Websites, die es im Internet gab.

Das WWW setzt sich aus ganz vielen HTML-Dokumenten zusammen. Berners-Lee war wichtig, dass jedes Dokument weltweit (auf Englisch „worldwide") mit jedem beliebigen anderen verknüpft werden konnte – ähnlich wie bei einem großen Netz (auf Englisch „web"). So entstand der Name World Wide Web.

Weil erst das WWW das Internet so richtig bekannt machte, benutzen viele heute den Begriff, auch wenn sie eigentlich das Internet meinen. Das Internet ist aber etwas anderes, nämlich ein weltumspannendes Netzwerk von Computern, das auf das Jahr 1969 zurückgeht. Damals vernetzte die Forschungsabteilung des US-Verteidigungsministeriums militärische Computer in dem Netzwerk ARPANET. Bald nutzten Universitäten weitere Netzwerke, um Informationen zu teilen. Auch E-Mail ist wie das WWW ein Dienst im Internet.

Als Datum von Berners-Lees Erfindung kommen mehrere Tage infrage: Man könnte sagen, es war der 12. März 1989, weil Berners-Lee an diesem Tag seinen Vorschlag für ein System für Informationsmanagement vorlegte, aus dem das World Wide Web hervorging. Er arbeitete damals bei der Europäischen Organisation für Kernforschung (CERN) in Genf. Man könnte auch sagen, es war im Dezember 1990, als es ihm gelang, die erste Website und den ersten Browser fertigzustellen.

Berners-Lee wollte, dass seine Erfindung für alle Menschen nutzbar ist. Freier Zugang zum World Wide Web war in seinen Augen ein elektronisches Menschenrecht.

Tim Berners-Lee

Von der Queen wurde Berners-Lee im Jahr 2004 in den Ritterstand erhoben. Manche nennen ihn seitdem „Sir Tim".

Es gab auch andere Namen, über die Tim Berners-Lee anstelle von World Wide Web nachgedacht hat, zum Beispiel Namen, in denen das Wort „Information" vorkam, wie „The Information Mine" (TIM) oder „Mine of Information" (MOI). Auch den Namen „Information Mesh" hat er in Betracht gezogen.

FREQUENZSPRUNG-VERFAHREN

Dass wir heute auf dem Balkon sitzend im Internet surfen oder online ein Spiel spielen können, ohne dass unser Laptop per Kabel mit dem Internet verbunden ist, beruht auf den Ideen von Hedy Lamarr und George Antheil.

Die beiden dachten damals allerdings nicht an Laptops oder Smartphones, sondern an Torpedos (das sind Unterwasserwaffen mit eigenem Antrieb und einer Sprengladung). Das äußerst komplizierte Verfahren, das sie entwickelten, ist heute die Grundlage für Technologien wie Bluetooth und WLAN.

Lamarr hat in ihrem Leben viele ziemlich spannende Dinge erlebt: Als 19-jährige

Papst Pius XI.

Hedy Lamarr

Als Hedy Lamarr ihren Mann verließ, suchte sie sich nicht nur ein neues Leben aus, sondern auch einen neuen Namen. Eigentlich hieß sie nämlich Hedwig Eva Maria Mandl.

Schauspielerin war sie nackt in einem Film zu sehen, in dem es auch eine Liebesszene gab. Das wäre heute kein großes Ding mehr, aber 1933 war das anders. Der Papst drohte ihr sogar mit der Hölle.

Lamarr heiratete jung – das war früher nicht ungewöhnlich. Ihr Mann war Waffenhändler und so erfuhr sie viel über Kriegsgeräte. Bei seinen Geschäftstreffen hörte sie aufmerksam zu – und machte sich ihre eigenen Gedanken.

Vier Jahre nach der Hochzeit verließ Lamarr ihren Mann und reiste erst nach Paris und London, später in die USA.

Bluetooth ist eine Technik, um auf kurzen Entfernungen Daten per Funk zu übertragen. So können zwei verbundene Geräte miteinander kommunizieren, ohne dass zwischen ihnen eine Kabelverbindung besteht.

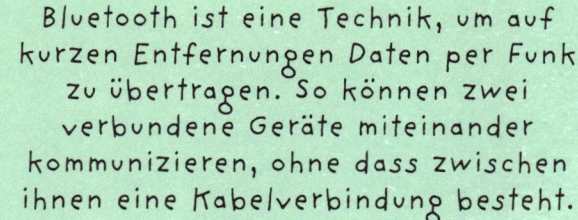

Harald Blåtand

„Bluetooth" heißt „Blauzahn". Inspiriert ist der Name von einem König namens Harald Blåtand (Dänisch für „Blauzahn"), der im 10. Jahrhundert lebte. Er galt als sehr geschickter Diplomat, dem es gelang, Menschen miteinander zu verknüpfen – so wie die Technik Bluetooth Geräte miteinander verbindet.

In Hollywood arbeitete sie für ein bekanntes Filmstudio und wurde als „schönste Frau der Welt" berühmt. Aber das war ihr nicht genug.

Ebenfalls in Hollywood traf Lamarr den Komponisten George Antheil. Zu der Zeit, als die beiden sich kennenlernten, waren in Deutschland die Nationalsozialisten an der Macht. Es war eine furchtbare Zeit. Viele Millionen unschuldige Menschen wurden von den Nationalsozialisten verfolgt und verloren alles, die meisten letztlich auch ihr Leben.

Der Zweite Weltkrieg hatte 1939 in Europa begonnen und seit 1941 befanden sich auch die USA im Krieg. Das US-Militär suchte nach einer Funksteuerung für seine Langstreckenwaffen (das sind Raketenwaffen, die Tausende Kilometer weit fliegen können).

Plötzlich war es ein Vorteil, dass Lamarr all die Gespräche über Waffentechnologien mitgehört hatte. Gemeinsam mit Antheil entwickelte sie eine Funksteuerung für Torpedos. Antheil hatte einen elektrischen Apparat zum Aufzeichnen von Musik auf Papier entworfen.

Lamarr wollte mit ihrer Erfindung den USA im Kampf gegen die Nationalsozialisten helfen.

Die Erfindung, für die Lamarr und Antheil 1942 das Patent erhielten, funktionierte ebenfalls mit einem Papierstreifen, der gelocht war. Die Löcher im Streifen bestimmten die Frequenzen, über die das System Signale verschickte. Zur Auswahl standen dabei sieben Kanäle. Die Signale sprangen zwischen den Frequenzen hin und her. Der Grund für die Sprünge: Das Funksteuerungssystem sollte von den Feinden nicht abgehört oder gestört werden können. Damals erkannte niemand, welche Möglichkeiten in dieser Erfindung steckten.

Das geschah erst, als der US-amerikanische Physiker Robert Price 1982 auf das Patent von Lamarr und Antheil stieß. Denn nicht nur funkgesteuerte Torpedos, auch die Kommunikation zwischen mobilen Telefonen, Funknetzwerken und mobilem Internet ließ sich durch das Verfahren störungs- und abhörsicher machen. Erst gegen Ende ihres Lebens bekam Lamarr einen Preis für ihre Leistungen als Erfinderin. Ihr Beitrag zur Technikgeschichte war davor lange viel zu wenig beachtet worden.

George Antheil

Hedy Lamarr

KLETTVERSCHLUSS

Man braucht nur eine Hand, um einen Klettverschluss auf- und zuzumachen. Der Schweizer Ingenieur Georges de Mestral erfand ihn, als er überlegte, wie man Schnürsenkel und Reißverschlüsse ersetzen könnte.

Wie gut, dass Georges de Mestral einen Hund hatte – sonst wäre er vielleicht nie auf seine Erfindung gekommen. Wenn die beiden von Spaziergängen nach Hause kamen, hingen im Fell des Hundes oft Klettensamen. De Mestral schaute sich die kleinen Kugeln unter dem Mikroskop an, das zum Glück schon erfunden worden war. Er erkannte, dass die Samen mit winzigen Borsten bedeckt sind, die sich ausdehnen und zusammen-ziehen können. An den Spitzen dieser Borsten sitzen biegsame kleine Haken.

Wenn sie mit Stofffasern (etwa von einem Mantel oder von Socken) oder mit dem Fell von Tieren in Berührung kommen, bleiben sie daran hängen. Macht man die Klettensamen ab, gehen sie meistens nicht kaputt, weil die Haken so elastisch sind.

Die Natur hatte es dem Erfinder vorgemacht: Auf einem Nylonstreifen (Nylon ist sehr stark) brachte er künstliche Borsten an, die auch kleine, biegsame Häkchen hatten. Als Gegenstück machte er einen zweiten Nylonstreifen mit winzigen Schlingen. Haken und Schlingen verflochten sich, wenn man sie aufeinanderlegte. De Mestral nannte seine Erfindung Velcro, zusammengesetzt aus den französischen Wörtern „velours" („Samt") und „crochet" („Haken"). Eines Tages erhielt er einen Anruf: Die ersten Menschen auf dem Mond, Neil Armstrong und Buzz Aldrin, trugen seine Erfindung!

Dank ihrer Borsten werden die Samen der Großen Klette mithilfe von Tieren über weite Distanzen verbreitet.

Georges de Mestral

Klettverschlüsse sind schon bis zum Mond geflogen.
Damit zum Beispiel Beutel mit Lebensmitteln in der Schwerelosigkeit
nicht einfach herumfliegen, werden sie in der Raumstation
mit Klettband befestigt.

Zum Zeitvertreib haben
Raumfahrer oft ein Schachspiel
dabei — die Figuren werden mit
Klettband am Spielbrett befestigt,
damit sie nicht herumschwirren.

Klettband ist auch hilfreich, wenn es einen außerhalb
der Raumstation an der Nase juckt. Weil Astronautinnen
und Astronauten im Weltall den Helm nicht absetzen
können, ist darin ein Stück Klettband angebracht, an dem
sie sich die Nase kratzen können.

Ihre Astronautenanzüge waren übersät von Klettverschlüssen.

Heute findet man Klettverschlüsse an Schuhen, Jacken, Rucksäcken, in der Schifffahrt, in Fabriken, in der Raumfahrt und an Babywindeln. Wenn Erfindungen die Natur als direktes Vorbild nehmen – so wie bei de Mestrals Klettverschluss – nennt man das Bionik. Der Begriff ist zusammengesetzt aus den Wörtern „Biologie" und „Technik". In manchen Badezimmern gibt es Saugnäpfe mit Haken, um zum Beispiel Handtücher daran aufzuhängen. Diese Erfindung hat man sich bei den Saugnäpfen von Tintenfischen abgeguckt. Fallen dir noch mehr Beispiele ein?

So sah eine der ersten Formen des Reißverschlusses aus: zwei Metallketten mit einem Schiebeverschluss.

Whitcomb Judson

REISSVERSCHLUSS

AB 1851

Dank des Reißverschlusses lassen sich Jacken ruckzuck zumachen und Dinge sicher in Taschen verstauen. Er hilft sogar, Leben zu retten: Für Feuerwehrleute ist schnelles Anziehen nämlich besonders wichtig.

Der US-amerikanische Erfinder Whitcomb Judson fand es ziemlich nervig, Schuhe zu binden. Also fing er an, darüber nachzudenken, was man anstelle der Schnürbänder verwenden könnte, die im 19. Jahrhundert an vielen Kleidungsstücken üblich waren. Er entwickelte den sogenannten Klemmöffner und Klemmschließer – zwei Metallketten mit einem Schiebeverschluss, die er auch als Verschluss von Kleidungsstücken verwendete. Diese Ketten sollen manchmal allerdings so sehr geklemmt haben, dass man eine Zange brauchte, um sie zu öffnen. Leider völlig unpraktisch!

Aber so ist es öfter: Nicht jede Erfindung hat gleich den großen Durchbruch. Dieser gelang erst, als der schwedisch-amerikanische Maschinenbauer Gideon Sundback in Judsons Firma angestellt wurde. Sundbacks Idee: Die Zähnchen des Reißverschlusses sollten viel enger zusammenstehen als bei den ersten Modellen. So wurde die Erfindung zum Erfolg, denn der Schieber ließ sich leichter hochziehen und der Reißverschluss hielt von nun an besser.

Man spricht übrigens im Straßenverkehr vom Reißverschlussprinzip, wenn sich Autos von zwei Fahrbahnen abwechselnd auf eine einfädeln – damit es auf keiner der beiden Fahrbahnen klemmt.

Es gibt heute sogar
Reißverschlüsse für
Astronautenanzüge ...

... und flammenabweisende
Reißverschlüsse für die
Ausrüstung von Feuerwehrfrauen
und -männern.

Wasserdichte Reißverschlüsse
sind bei Taucheranzügen und
Regenjacken äußerst praktisch.

JEANS

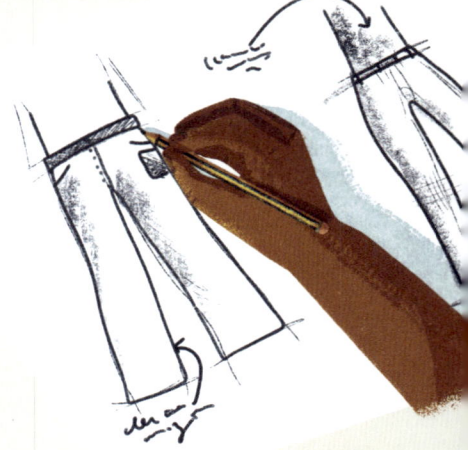

AB 1873

Fast jeder hat heute eine Jeans im Kleiderschrank. Erfunden wurde sie von dem deutsch-amerikanischen Geschäftsmann Levi Strauss, der selbst angeblich nie eine anhatte.

Levi Strauss wurde 1829 geboren und hieß damals noch Löb mit Vornamen. Sein Vater handelte mit Stoffen und allem, was man zum Nähen brauchte. Löb war erst 16 Jahre alt, als sein Vater krank wurde und schließlich starb. Gemeinsam mit seiner Mutter beschloss Löb, mutig zu sein und aus dem kleinen Ort in Bayern, wo die Familie wohnte,

Alle Goldgräber kauften Halboveralls bei Strauss.

Levi Strauss

Bei Ausgrabungen in den USA wurde in den 1990er-Jahren eine 115 Jahre alte Jeans gefunden – die wohl älteste der Welt.

nach New York umzuziehen. Dort hatten zwei seiner älteren Brüder vor ein paar Jahren ein Geschäft für Stoffe eröffnet. Löb musste wirklich fast alles in Bayern lassen, denn jeder Passagier durfte nur eine Kiste mit auf das Schiff nehmen, das Löb und seine Mutter über den Atlantik brachte. New York gefiel Löb und er lebte sich schnell ein. Nur sein Vorname war für die Menschen in den USA schwierig auszusprechen, deshalb änderte er ihn zu Levi.

Eine Rekordjeans: Aus etwa 8.000 alten Jeans wurde in Kroatien ein 45 Meter langes Modell genäht.

Als 1848 in Kalifornien das erste Gold entdeckt wurde, wollten viele Menschen vor allem eins: viel davon finden und reich werden. Wieder war Strauss mutig – und schlau. Er packte seine Sachen und zog wie die Goldsucher an die Westküste der USA. Aber nicht, um Gold zu suchen. Mit seinen Brüdern hatte er einen Plan geschmiedet. Goldgräber brauchten Kleidung. Also eröffnete die Familie Strauss in San Francisco ein Geschäft für ganz besondere Arbeitskleidung.

Strauss entwickelte ein neues Kleidungsstück, sozusagen die Großmutter der Jeans, wie wir sie heute kennen. Halboverall nannte er seine Erfindung, weil es kein ganzer Arbeitsanzug war, sondern nur der untere Teil davon. Der Halboverall bestand aus robustem, blauem Stoff.

Nicht nur Goldsucher, auch Minenarbeiter und Farmer fanden den Halboverall praktisch, denn der Stoff hielt viel aus und dank der blauen Farbe namens Indigo sah man Schmutz darauf kaum.

Dass Strauss selbst wohl keine Jeans im Schrank hatte, liegt übrigens daran, dass es einfach üblich war, als Geschäftsmann einen Anzug zu tragen. Heute sieht man auch Geschäftsleute und Politiker in Jeans. Ob Strauss davon wohl geträumt hat?

Früher nutzten sich Jeans durch die Arbeit ab. Wer heute eine will, die abgenutzt aussieht, kann sie schon so kaufen — das nennt man Used-Look.

STOLLENSCHUHE

Schon als Jugendlicher dachte Adi Dassler darüber nach,
dass es für jede Sportart bestimmte Schuhe geben
müsste – zum Beispiel Stollenschuhe, um bei jedem Wetter
gut Fußball spielen zu können.

Als Adi Dassler 19 Jahre alt war, beschloss er,
diese Schuhe selbst herzustellen. Er ließ sich
nicht von seiner Idee abhalten, obwohl
damals keine einfache Zeit war (der Erste
Weltkrieg war gerade erst vorbei). Er war
ein großer Fußball-, Leichtathletik- und
Boxfan und wollte Sportschuhe entwerfen.
In der Waschküche seiner Mutter richtete
er sich eine Werkstatt ein und zeigte eine
Menge Erfindergeist: Um Geld für Material
zu verdienen, reparierte er Schuhe. Außerdem sammelte er gebrauchte Schuhe aus
alten Militärbeständen, um deren Leder
zu verwenden.

In den folgenden Jahrzehnten gründete
er mit seinem Bruder Rudolf eine Firma,
die sogar Sportlerinnen und Sportler für
die Olympischen Spiele ausstattete. Viele
Jahre später entschieden sich Rudolf und

Die ersten Aufträge kamen:
Es hatte sich gelohnt,
Muster der Sportschuhe
an Vereine zu schicken.

Rudolf Dassler

Adi Dassler

Die Stollen wurden mit Abstand zueinander an die Schuhe geschraubt, damit kein Matsch dazwischen hängen blieb.

Heute kann es bei Profis vorkommen, dass sie pro Saison 40 bis 50 Paar Fußballschuhe benutzen.

Adi, nicht mehr zusammenzuarbeiten. Beide gründeten eigene Sportartikelfirmen: Adi die Firma adidas, Rudolf die Firma Puma.

Adi Dassler wurde in den 1950er-Jahren zum Berater der deutschen Fußball-nationalmannschaft und in Deutschland „Schuster der Nation" genannt. Vor jedem Spiel beriet er die Mannschaft bei der Wahl der richtigen Stollen, um das Schuhwerk auf das Wetter und die Platzverhältnisse abzustimmen.

Im Endspiel der Fußballweltmeister-schaft 1954 in der Schweiz trat Deutschland gegen den Favoriten Ungarn an. Das Spiel war sehr schwierig, denn der Boden war furchtbar nass und rutschig. Dassler hatte die richtige Idee: Zur Halbzeit schraubte er den Spielern längere Stollen an die Schuhe. So rutschten sie nicht ständig weg. An den kürzeren Stollen und Schuh-sohlen der ungarischen Spieler blieb Lehm kleben, was ihre Schuhe schwer machte – und mit schweren Schuhen läuft man nicht so schnell. Die deutsche Mannschaft gewann mit 3 zu 2. Das Spiel ging als „Wunder von Bern" in die Geschichte ein.

Nicht nur die Schuhe, sondern auch die Sportkleidung hat sich in den letzten Jahrhunderten im Fußball sehr verändert – vor allem bei Frauen! Im 19. Jahrhundert trugen sie bei Turnieren noch Hüte und kurze Röcke über Hosen.

43

KOHLENSÄURE

Wenn man im Alltag von Kohlensäure spricht,
sind die Bläschen im Sprudel oder in
der Limonade gemeint. Was da sprudelt, ist
eigentlich ein farb- und geruchloses Gas.

Jacob Schweppe

Joseph Priestley

Thomas Henry

Das Gas heißt Kohlenstoffdioxid (CO_2).
Verbindet es sich mit Wasser (H_2O),
entsteht Kohlensäure (H_2CO_3). Wenn man
das Wasser zum Beispiel verdampfen lässt,
zerfallen die Bläschen. Anfangs ging es bei
der Erfindung der Kohlensäure noch nicht
um Limonade, sondern nur um Mineralwasser. Es sollte mit Kohlenstoffdioxid
haltbar gemacht werden. Mineralien-
haltiges Wasser wurde im 19. Jahrhundert
als Medizin gegen Krankheiten verwendet.
Darum hatten Apotheken Interesse
daran, es zu verkaufen und eine Weile
lagern zu können. Durch die Kohlensäure
bleiben die Mineralien im Wasser stabil.
Gleich mehrere Erfinder trugen mit ihren
Ideen dazu bei, Mineralwasser haltbarer
zu machen.

Die britischen Chemiker Joseph Priestley
und Thomas Henry fanden 1772 unab-
hängig voneinander Methoden, um Wasser
mit Kohlenstoffdioxid zu versetzen.
Priestley war überhaupt sehr interessiert
daran, Gase zu erforschen.

Manchmal kitzelt es in der Nase, wenn man Wasser oder Limonade mit Kohlensäure trinkt. Wenn das Getränk im Magen ankommt, sucht sich das Gas seinen Weg nach draußen. Zum Beispiel, indem man rülpsen muss.

Es gibt auch sprudelndes Wasser aus der Natur, also mit natürlicher Kohlensäure — vor allem in Gegenden, in denen früher Vulkane aktiv waren. Die Kohlensäure hat nämlich eine praktische Eigenschaft: Sie unterstützt das Wasser dabei, Mineralstoffe aus den Gesteinen zu lösen.

Er stellte neben Kohlensäure auch verschiedene andere gasförmige Verbindungen her – zum Beispiel Lachgas. Das kann man bei Zahnbehandlungen oder -operationen verwenden, damit die Patientin oder der Patient ruhig und entspannt ist.

In Genf entwickelte der erfinderische Juwelier und Uhrmacher Jacob Schweppe ab 1780 ebenfalls ein Verfahren, um Wasser Kohlenstoffdioxid zuzufügen. Und er erkannte bald: Auch gesunde Menschen tranken das sprudelnde Wasser gern. Schweppe beschloss, eine Fabrik bauen zu lassen, um dort das Wasser abzufüllen. Seine Produkte wurden ab 1831 an das britische Königshaus geliefert und sind bis heute ein großer Erfolg.

ZAHNPASTA

Wenn man nicht gerade vergisst, sich die Zähne zu putzen
(besser nicht!), ist Zahnpasta mit großer Wahrscheinlichkeit
der erste und der letzte Geschmack des Tages.

Washington Sheffield war 23 Jahre alt, als er 1850 die Zahnpasta erfand. Zu seiner Zeit war es schon üblich, sich die Zähne mit einem in der Apotheke angemischten Pulver zu putzen, das aus Bims- oder Marmorpulver, zerriebenen Austernschalen, Asche und Pfefferminzöl oder Salbei bestand. Es gab auch Zahnseife. Sie enthielt neben diesen Zutaten auch etwas Seifenpulver. Ob das wohl gut geschmeckt hat? Es galt im 19. Jahrhundert übrigens als schick, in Zahnpulver auch roten Farbstoff zu mischen, weil rote Lippen als besonders schön galten.

Sheffield hatte die Idee, dem Zahnpulver Glyzerin beizumischen.

Dadurch wurde das Pulver zu einer Paste. Die Zahnpasta wurde in Tüten aus Zinnfolie gefüllt. Unpraktischerweise trocknete die Zahnpasta aber schnell aus, denn die Tüten blieben nach dem Aufschneiden an einer Seite offen. Sheffields Sohn studierte später in Paris. Dort fielen ihm Maler auf, die Farben aus Tuben verwendeten. So kam ihm die Idee, die Zahnpasta in Tuben zu füllen – und er erzählte seinem Vater davon.

Heute gibt es verschiedene Tubenformen, Zahnpasta mit Streifen und vielen unterschiedlichen Geschmacksrichtungen. Man kann sich die Zähne auch mit Zahnpulver sauber schrubben oder Zahnputztabletten verwenden.

Washington Sheffield

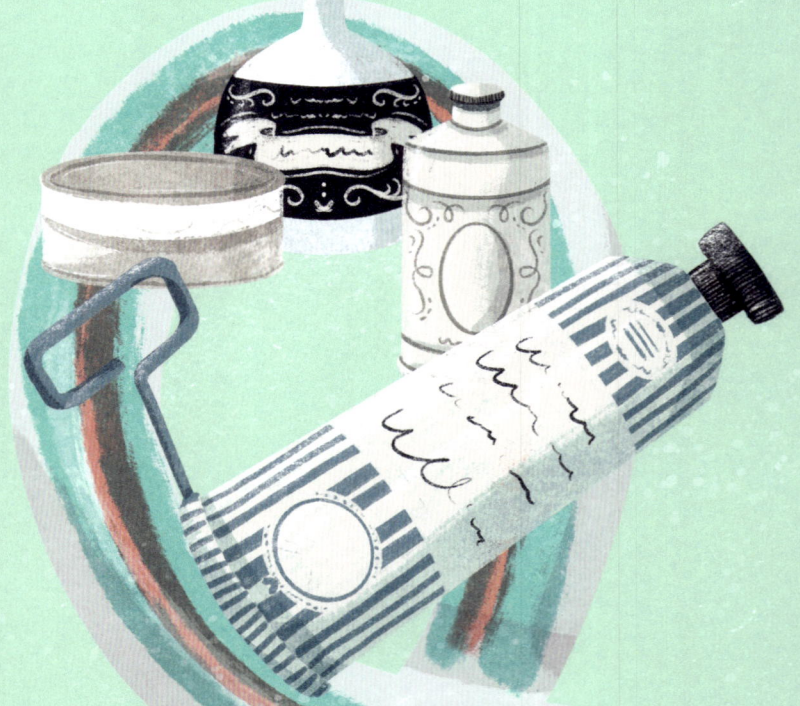

Die Pharaonen putzten sich mit Stöckchen und Pasten aus Weinessig, Harz, zerstoßenem Bimsstein oder dem Halbedelstein Malachit die Zähne.

Schon Urmenschen putzten sich die Zähne. Das konnten Forscher erkennen, die bei Ausgrabungen Knochen und Zähne aus der Steinzeit fanden. In den Zähnen waren Rillen, die von Stöcken stammten. Damit wurden sehr wahrscheinlich die Zähne abgerieben.

Ein gesunder Zahn ist ummantelt von Zahnschmelz, der härtesten Substanz unseres Körpers. Aber Zahnbelag kann den Zahnschmelz zerstören. Mit Zahnpasta kann man den Zahnbelag wegschrubben, so verhindert man Karies und Zahnfleischentzündungen.

Krokodile haben lebendige Zahnbürsten: Kleine Vögel picken ihnen die Fleischreste aus dem Maul. Putzerfische schwimmen Haien in ihre geöffneten Mäuler und holen sich die Reste, ohne gefressen zu werden. Manche Arten von Ameisenbären haben übrigens gar keine Zähne – da fällt natürlich auch das Zähneputzen weg.

INSTANTNUDELN

Momofuku Andō veränderte die Art, wie Menschen sich ernähren, indem er die Instantnudeln erfand. Sie sind nicht nur fast ewig haltbar, sondern lassen sich vor allem in weniger als drei Minuten zubereiten.

Instantnudeln bestehen aus Weizenmehl, Salz, Wasser und Gewürzen. So werden sie hergestellt: Sie werden vorgekocht und dann in heißes Öl getaucht. Die Hitze entzieht den Nudeln das Wasser. Anschließend werden sie luftdicht in Plastiktüten verpackt. Der taiwanisch-japanische Erfinder Momofuku Andō wollte nicht, dass Menschen Hunger leiden.

Die Erfindung der Instantnudeln zählt für viele Japaner zu den größten Errungenschaften ihres Landes. Aber es gibt unterschiedliche Auffassungen darüber, wie gesund Instantnudeln sind.

Durch diesen Gedanken kam er auf seine Erfindung. Das war im Jahr 1945, als der Zweite Weltkrieg endete. Am 15. August gab Japan bekannt, dass es kapitulierte (also sich ergab und nicht länger im Krieg kämpfen würde). Dieser Tag blieb Andō ganz besonders in Erinnerung.

Andō entwickelte gemeinsam mit der japanischen Raumfahrtbehörde JAXA sogar Weltrauminstantnudeln. Der japanische Astronaut Sōichi Noguchi probierte sie 2005 im All – und fand sie lecker.

Er lebte in Osaka, wo viele Häuser durch Bomben zerstört worden waren. Vor einem solchen Haus standen Menschen in einer langen Schlange an und warteten darauf, eine Schale mit Nudeln zu bekommen, die in großen Töpfen gekocht wurden. Da dachte er zum ersten Mal: Es müsste doch eine Möglichkeit geben, Nudeln viel schneller zuzubereiten. Auf diesen Gedanken folgten Jahre, in denen er experimentierte und ausprobierte. Er gründete seine eigene Firma. Gut zehn Jahre später hatte er es geschafft: Die ersten Instantnudeln mit Hühnchengeschmack wurden verkauft.

Heute werden jedes Jahr Milliarden Packungen Instantnudeln hergestellt. Es gibt inzwischen viele verschiedene Geschmacksrichtungen, zum Beispiel Ente, Rind oder Shrimps. Andōs großer Traum war es, den Hunger auf der ganzen Welt zu beenden. Von ihm stammt der Satz: „Auf der Welt wird Frieden herrschen, wenn die Menschen genug zu essen haben."

Die erste Geschmacksrichtung von Instantnudeln war „Chikin Ramen" (Hühnchen).

So einfach bereitet man Instantnudeln zu:

Momofuku Andō

EISMASCHINE

Früher brauchte man viel Kraft in den Armen, um Eis herzustellen. Heute ist das einfacher und es gibt Eis in allen möglichen Geschmacksrichtungen: von Erdbeere über Kürbis-Nougat bis hin zu Fisch.

Nancy Johnson muss Eis geliebt haben, denn sie suchte nach einer Lösung, es mit wenig Kraftaufwand selbst herstellen zu können. Dafür brachte sie eine Handkurbel an einem kleinen Fass an. Mithilfe dieses mechanischen Quirls konnte sie Milch mit anderen Zutaten zu einer cremigen Masse verrühren. Das Fass enthielt innen einen Zylinder für die Eismischung und um den Zylinder herum füllte Johnson klein gestoßenes Eis, das sie aus der Natur geholt hatte. Für ihre Erfindung meldete sie 1843 das Patent an.

Wenn die Eiscreme fertig war, musste sie sofort gegessen werden. Zu der Zeit, als Johnson lebte, gab es nämlich noch keine Kühl- und Tiefkühlschränke. Das Eis wurde im Winter aus Seen oder Flüssen geschlagen. Damit es bis zum Sommer nicht wegschmolz, wurden die Eisblöcke in einem Extrafach in Holzschränken in kühlen Kellern gelagert. Die von Johnson erfundene Eismaschine wurde im Jahr 1906 weiterentwickelt: Sie bekam einen kleinen Elektromotor, der den Rührarm betrieb. In den 1930er-Jahren kam noch etwas Wichtiges dazu: Kühlkompressoren. Damit konnte Speiseeis während der Herstellung heruntergekühlt werden. Diese Technik wird auch heute noch bei Eismaschinen und Kühlschränken verwendet.

Das funktioniert so: In einem Kühlschrank wird ein gasförmiges Kältemittel durch Metallröhren gepumpt. Trotz seines Namens ist das Kältemittel aber noch nicht kalt genug. Dafür drückt ein Kompressor das Gas zuerst zusammen, wodurch der Druck und die Temperatur steigen. Dann wird der Druck wieder gesenkt und das Kältemittel wird kalt. Die Wärme gibt der Kühlschrank nach außen ab, darum ist er an der Rückseite warm. Die Kälte wird in den Kühlschrank geleitet. Kühltechnik ist nicht nur wichtig, damit Lebensmittel nicht verderben – auch Medikamente oder Impfstoffe bleiben so haltbar.

In Japan gibt es ein paar besondere Eissorten: Hähnchen, Zwiebel, Krabbe, Spinat oder Ziegenfleisch. In all diesen Sorten sind Butter, Milch und Zucker drin, und — je nach Sorte — Sojasoße, Algen, Fleisch, Fisch oder Gemüse.

Ende des 13. Jahrhunderts berichtete Marco Polo von einer Mixtur aus Reispudding und gefrorener Milch, die er in China entdeckt hatte. So soll die Idee, Eis zu machen, nach Italien gekommen sein.

Der römische Kaiser Nero ließ sich Eis mit zerdrückten Himbeeren, Zimt, Ingwer und Rosenwasser mischen. Das war gar nicht mal so anders als das Sorbet, das wir heute essen.

Hirnfrost: Wenn es beim Eisessen plötzlich schmerzhaft im Kopf sticht, hilft es, die Zunge gegen den Gaumen zu drücken. Durch die Wärme entspannen sich die Blutgefäße und der Schmerz lässt nach.

Das größte Waffeleis der Welt wurde in Norwegen gemacht, war 3,08 Meter hoch und musste mit einem Helikopter an einem Seil hängend transportiert werden.

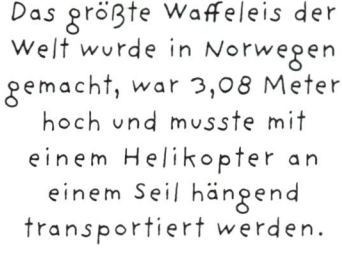

Schon vor etwa 5.000 Jahren wurden in China Schnee und Eis aus der Natur benutzt, um Getränke zu kühlen. Man lagerte sie in dunklen Kellerräumen tief unter der Erde, damit sie möglichst lange nicht schmolzen.

AQUARIUM

Im 10. Jahrhundert wurden in China Goldfische in Porzellangefäßen als Haustiere gehalten. Etwa 900 Jahre später baute eine französische Meeresbiologin Glasbehälter, um Meerestiere zu erforschen.

Jeanne Villepreux wuchs in einem französischen Dorf auf. Ihr Vater war Schuhmacher, und das Meer war weit weg. Als 18-jährige zog sie nach Paris und wurde Schneiderin. Sie war so talentiert, dass sie sogar das Hochzeitskleid einer Prinzessin entwerfen durfte. Nachdem Villepreux geheiratet hatte, zog sie mit ihrem Mann nach Italien, hörte auf zu nähen und wurde stattdessen Forscherin. 1832 baute sie Glas- und Holzbehälter, in die mit Schläuchen Meerwasser gepumpt wurde – die ersten Aquarien. Sie fertigte auch Holzbehälter im Meer an, um Kopffüßer zu erforschen. Dazu zählen Tintenfische wie Kraken oder Kalmare. Mit ihrer Erfindung trug Villepreux dazu bei, dass man

Meerestiere besser beobachten konnte. Das funktioniert nämlich nur, wenn man ihnen einen Lebensraum baut, in dem sie fast wie in der Natur leben können. In Aquarien können Menschen aus Neugier und zum Spaß Meerestiere beobachten, sie sind aber auch für die Forschung sehr wichtig. Zum Beispiel wird die Genetik von Zebrafischen untersucht, um so auch etwas über uns Menschen zu lernen. Rund 70 Prozent der Gene eines Zebrafischs gibt es in ähnlicher Form nämlich auch bei uns.

Der Blobfisch lebt tief im Meer, hat einen geleeartigen Körper und sein Kopf erinnert an einen Kobold.

Villepreux entdeckte, dass die Weibchen der Argonauten, einer Tintenfischgattung, ihr Gehäuse neu wachsen lassen können, wenn es kaputt geht.

Die Erdkugel
ist übrigens zu 71 Prozent
von Wasser bedeckt –
es gibt also noch viel
zu erforschen!

Jeanne Villepreux

Das weltweit größte
öffentliche Aquarium wurde
in China gebaut. In das größte
Becken dort passen fast
23 Millionen Liter Wasser.

FEUERLÖSCHER

Dank der Erfindung des Feuerlöschers wurde vieles gerettet: Wohnungen, ganze Häuser, Fabriken und vor allem Menschenleben.

Schon vor 2.000 Jahren verwendeten die Römer im Kampf gegen Brände Wasserspritzen, die bis zu 30 Meter weit reichten.

Noch vor 200 Jahren meinten abergläubische Menschen, man könne Feuer durch Rituale löschen. Zum Beispiel, indem man Holzteller mit Zaubersprüchen in die Flammen warf.

Der britische Ingenieur George William Manby beobachtete Anfang des 19. Jahrhunderts ein furchtbares Schiffsunglück. Es erschütterte ihn so sehr, dass er sich vornahm, Dinge zu erfinden, die Menschenleben retten sollten. Er dachte nicht nur über das Meer und seine Gefahren nach und arbeitete an einem Rettungsboot, sondern erfand auch einen Feuerlöscher. Als Löschmittel benutzte er Kaliumkarbonat. Das ist ein Pulver, das früher aus Pflanzenasche gewonnen wurde. Man kann es für ganz unterschiedliche Zwecke verwenden – zum Beispiel auch um Seife herzustellen.

Nicht alle frühen Feuerlöscher waren ein Erfolg: Die Natur brachte den britischen Ingenieur W. C. Philipp auf die Idee,

George William Manby

54

W. C. Philipp

Wasserdampf, der unter Druck aus einem Feuerlöscher herauskam, zum Löschen einzusetzen. Während einer Schiffsreise hatte er beobachtet, wie sich nach einem Vulkanausbruch Wasserdampf über dem Meer gebildet und ein Feuer auf einer nahe gelegenen Insel gelöscht hatte. Als seine Fabrik allerdings 1856 niederbrannte, wollte niemand mehr seine Feuerlöscher kaufen.

1872 entwickelte der US-amerikanische Erfinder Thomas J. Martin einen Feuerlöscher, der an einen Wasserspeicher angeschlossen werden konnte, um so eine größere Menge Wasser zur Verfügung zu haben.

Heute kann man unterschiedliche Feuerlöscher kaufen. Es gibt Wasser-, Pulver-, Schaum- oder Kohlendioxidfeuerlöscher. Letztere ersticken die Flammen. Profi im Feuerlöschen ist natürlich die Feuerwehr. Schau doch mal, ob es bei einer Feuerwehrstation in deiner Nähe einen Tag der offenen Tür gibt. Dort erfährst du alles Wichtige über das Löschen von Bränden.

Thomas J. Martin

Es wurden auch einige „Wunderlöschgeräte" erfunden (und teuer verkauft), die mit Lösungen und Salzen gefüllt waren und zwar ordentlich zischten und dampften, aber viel mehr auch nicht.

PLASTIK

AB 1905

„Plastik" ist der umgangssprachliche Begriff für Kunststoff.
Es kommt vom griechischen Wort *plastikós*, das „formbar" bedeutet.
Jede kleine Änderung in der Rezeptur von Plastik hat eine große
Wirkung auf das Endprodukt.

Leo Hendrik
Baekeland

Kasein war der Vorläufer von Kunststoff. Der Augsburger Mönch Wolfgang Seidel fand 1531 heraus, dass aus Magerkäse ein Material hergestellt werden konnte, das im warmen Zustand formbar und nach Erkalten äußerst fest war. Dafür musste der Käse immer wieder erhitzt und abgekühlt werden. Daraus wurden Trinkbecher oder Schmuck gemacht.

Je nachdem, mit wie viel Hitze und Druck man arbeitet, ob man noch ein Material hinzufügt oder nicht, entsteht eine Plastikflasche, ein Spielzeug oder ein medizinisches Gerät, das Leben rettet.

Der Erfinder des ersten industriell produzierten, komplett synthetischen Kunststoffs war der belgisch-amerikanische Chemiker Leo Hendrik Baekeland. Er nannte seine Erfindung Bakelit. Um es herzustellen, hatte er die Inhaltsstoffe Phenol und Formaldehyd gemischt und das Ganze in einem Druckbehälter auf knapp 200 Grad Celsius erhitzt. Seine Erfindung löste eine Welle von Kunststoffentwicklungen aus.

Kunststoffe werden aus Erdöl gemacht. Erdöl befindet sich tief unter der Erdoberfläche und muss von Menschen hochgepumpt werden. In Raffinerien wird das Öl in flüssige und gasförmige Bestandteile sowie Rückstände getrennt. Die Bestandteile müssen in einer Chemiefabrik erhitzt und unter Druck verarbeitet werden. Erdöl ist ein natürlicher Rohstoff — es gibt also nicht unbegrenzt viel davon.

Man kann die verschiedenen Arten von Kunststoff in drei Hauptgruppen unterteilen. Es gibt Thermoplaste, die bei Erwärmung weich und nach dem Abkühlen wieder hart werden (*thermos* ist Griechisch und bedeutet „warm"). PET-Flaschen, die als Wasser- oder Saftflaschen verwendet werden, gehören in diese Gruppe. Duromere (vom lateinischen Wort *durare*, was „Bestand haben" oder „härten" bedeutet) wiederum werden nicht mehr weich, nachdem sie gegossen wurden. Dazu gehören Phenoplaste, aus denen viele Dinge gefertigt werden, die wir im Alltag verwenden – etwa Steckdosen, Lampenfassungen oder die Griffe von Pfannen und Töpfen. Dann gibt es noch Elastomere (vom griechischen Wort *elastós* für „dehnbar"). Sie sind nicht fest, sondern zäh. Der Rohstoff von Kaugummi zum Beispiel zählt dazu.

Baekeland hat eine große Erfindung gemacht. Aber wir wissen inzwischen auch, dass Plastikmüll großen Schaden anrichtet. Stell dir vor: Eine einzelne PET-Flasche braucht 450 Jahre, um zu zerfallen. Und dann bleiben trotzdem winzige Plastikteilchen übrig. Pro Minute werden auf der Welt etwa zehn Millionen Plastiktüten verbraucht. Viele Tonnen Plastikmüll sind in den letzten Jahrzehnten in die Ozeane gelangt – und tun es immer noch. Es haben sich Ansammlungen von Meeresschutt aus Kunststoff gebildet, in denen sich jedes Jahr bis zu 135.000 Wale verfangen. Millionen von Seevögeln, Fischen und anderen Meerestieren fressen Plastikstücke, die sie für Futter halten. Viele sterben daran.

Zwischen den Jahren 1950 und 2015 wurden weltweit 8,3 Milliarden Tonnen Plastik produziert. Den allergrößten Teil machen Einwegprodukte und Verpackungen aus. Nicht einmal zehn Prozent dieses Kunststoffs wurden recycelt. Die Regierungen von einigen

Ein Ansatz ist auch, Plastik aus dem Meer zu fischen und, wenn möglich, wiederzuverwenden. Es gibt zum Beispiel Turnschuhe oder Rucksäcke, die aus Plastik gemacht werden, das aus den Ozeanen herausgeholt wurde.

In den letzten Jahren sind in vielen Städten „Zero Waste"-Bewegungen entstanden. Das heißt, Menschen setzen sich dafür ein, dass es keine Verschmutzung durch Plastiktüten, -verpackungen, -strohhalme und -flaschen mehr gibt.

Staaten haben deshalb angefangen, den Plastikverbrauch zu regulieren. Und immer mehr Menschen, allen voran Umweltschützerinnen und Umweltschützer, bemühen sich darum, genau zu überlegen: Wo ist es dringend notwendig, Kunststoff zu verwenden? Wo kann man auf Plastik verzichten und wo kann man mit umweltverträglicheren Rohstoffen arbeiten, um neue Kunststoffe herzustellen? Der Spielzeughersteller Lego zum Beispiel forscht seit Jahren an einer erdölfreien Lösung für seine Bausteine. Bis zum Jahr 2030, so Lego, sollen sie aus einem umweltfreundlichen Material bestehen.

In Kaugummis ist weiches Plastik enthalten.

FLUGGERÄTE

Wenn du an Flugzeuge denkst, stellst du dir
wahrscheinlich Maschinen mit vielen Sitzplätzen,
großen Flügeln und Turbinen vor. Dass es
das alles gibt, hat viel mit Otto Lilienthal
zu tun, dem „fliegenden Mann".

Otto Lilienthal

In den Anfangstagen des Fliegens war
Otto Lilienthal mit seinen Gleitflügen
ein besonders wichtiger Erfinder. Er fand
viel über die Aerodynamik heraus. Diese
Wissenschaft beschäftigt sich mit
Luftwiderstand, Luftströmen und dem
Verhalten von Körpern in der Luft.
Die Ideen für seine Fluggeräte hatte
Lilienthal, weil er sich mit der Natur
beschäftigte. Besonders spannend fand
er den Aufbau von Vogelflügeln. Schon
als Kind beobachtete er gern Störche und
Möwen, und als 14-Jähriger machte er
selbst Flugversuche. Für Lilienthal ging
es um die Frage des Auftriebs: Wie hält
sich etwas, das schwerer als Luft ist, in
der Luft? Ein paar Jahre später führte er
Experimente zum Luftwiderstand

Flughörnchen sind
talentierte Gleitflieger.
Fliegende Fische
ebenfalls. Sie
katapultieren sich aus
dem Wasser und
können im Gleitflug bis
zu 400 Meter weit
kommen und bis zu
70 Stundenkilometer
schnell sein.

Es gibt heute noch vier
Normalsegelapparate;
einer davon gehört zur
Sammlung des Deutschen
Museums in München.

Die britische Drachenfliegerin Judy Leden ließ sich 1989 an der englischen Südküste von einem Heißluftballon an einer Schnur in die Höhe ziehen. Über den Kreidefelsen von Dover löste sie die Schnur und überflog als erste Frau den Ärmelkanal mit einem Drachen.

Judy Leden

durch – dafür hängte er sich mit einem Flügelschlagapparat an ein Seil auf dem Dachboden seines Elternhauses. Mit diesem Apparat sah Lilienthal so aus, als habe er wirklich Vogelflügel.

Als Erwachsener wohnte Lilienthal in Berlin und hielt in seinem Garten vier Störche. Er beobachtete sie, um herauszufinden, wie man ihre Flugtechnik auf Menschen übertragen könnte. Vogelknochen sind aber viel leichter als die Knochen von Menschen. Um abheben zu können, bräuchte ein Mensch eine gewaltige Flügelspannweite und enorme Muskelkraft. So erkannte Lilienthal: Mit der Nachahmung von Vögeln kam er nicht weiter. Mithilfe detaillierter Zeichnungen und schwieriger mathematischer Formeln zu Länge und Gewicht entwarf er einen Gleitschirm. Er fand heraus, dass leicht gewölbte Flügelflächen die Flugfähigkeit erhöhen. Er baute verschiedene Modelle, darunter auch Doppeldecker und Flügelschlagapparate. Tausende Male sprang er von Hügeln ab, um seine Modelle zu testen. Von einem nahe gelegenen Berg schaffte er bald einen 25 Meter langen Gleitflug.

Ab 1894 schaffte Lilienthal mit seinem sogenannten Normalsegelapparat, dessen Flügelflächen eine Spannweite von 6,7 Metern hatten, Flüge von bis zu 250 Metern. Für seine Experimente ließ er in der Nähe seiner Wohnung den 15 Meter hohen „Fliegeberg" errichten. Da Lilienthal seinen Gleiter auf Bestellung fertigte, kann man ihn als das erste in Serie gebaute Flugzeug der Geschichte bezeichnen. Der damalige Preis betrug 500 Mark, das sind heute ungefähr 3.350 Euro.

Lange konnte Lilienthal sich an seinem Erfolg aber nicht freuen. Am 9. August 1896 stürzte er bei einem Testflug aus 15 Metern Höhe ab und verletzte sich so schwer, dass er einen Tag später in einem Berliner Krankenhaus starb.

Der Italiener Angelo d'Arrigo überflog 2004 mit einem Drachen und ohne zusätzlichen Sauerstoff den 8.848 Meter hohen Mount Everest – bei Windgeschwindigkeiten von bis zu 200 Kilometern pro Stunde am Gipfel und minus 50 Grad Celsius.

FLUGZEUG

Menschen träumen schon seit vielen Jahrhunderten vom Fliegen. Die US-amerikanischen Erfinderbrüder Orville und Wilbur Wright erfüllten sich diesen Traum: Sie bauten ein Fluggerät mit Lenkung und eigenem Antrieb.

Die Gleitflüge von Otto Lilienthal fanden Orville und Wilbur Wright großartig. Sie beschlossen, selbst Fluggeräte zu bauen. Den Anfang machte ein Flugdrachen. Bald schon folgten Doppeldeckergleiter, die eine Person tragen konnten. Die Brüder ließen sich einiges einfallen, um verschiedene Flügelformen auszuprobieren. Sie montierten zum Beispiel ein Testgestell auf ein Fahrrad. Dann radelten sie damit so schnell es ging die Straße entlang, um einen Luftstrom wie bei einem Flug zu erzeugen.

Sie experimentierten mit Doppeldecker-gleitern und arbeiteten daran, dass man ein Fluggerät um seine drei Achsen bewegen konnte. Sie wollten beim Fliegen nicht wie Lilienthal den Winden ausgesetzt sein. 1901 machten sie einen wichtigen Schritt: Das von ihnen entwickelte Seitenruder funktionierte. Damit konnte man ein

Orville Wright

Wilbur Wright

WRIGHT CYCLE CO

Die Wright-Brüder zogen in eine Kleinstadt an der Ostküste der USA. Der Wind am Strand war gut für ihre Flugexperimente. Bis dahin hatte ihnen eine Fahrradwerkstatt gehört.

Zwei Propeller
schoben das
Flugzeug an.

Das Flugzeug hatte
Kufen statt Rollen
und glitt auf einer
kurzen Holzschiene,
bevor es abhob.

Das Doppeldecker-
Einmann-Flugzeug „Flyer I"
mit weißen Tragflächen
wurde von einem
Vierzylinder-Benzinmotor
mit 12 PS angetrieben.

Der Pilot lag direkt neben
dem Motor bäuchlings auf der
unteren Tragfläche und
steuerte von dort.

Fluggerät nach links und rechts drehen.
Ein Jahr später hatten sie die Steuerung
fertig entwickelt. Das Heben und Senken
der Nase des Fluggeräts wurde durch ein
Höhenruder gelenkt. So konnte man
steuern, ob es steigt oder sinkt. Für den
Propellerantrieb entwickelten die Brüder
einen Motor. Sie hatten beide keine
Maschinenbauausbildung, aber ihr
Einfallsreichtum und ihr technisches
Geschick halfen ihnen.

   1903 war ihr erstes Motorflugzeug
fertig: der „Flyer I". Am 17. Dezember
1903 flog Orville damit am Strand
37 Meter weit – das war ein bisschen
wie ein Hopser in der Luft, der etwa zwölf
Sekunden dauerte. Noch am gleichen
Tag gelangen den Brüdern aber schon
drei weitere Flüge – der letzte angeblich
über 250 Meter weit.

Düsentriebwerke verbrennen
Treibstoff. Sie erzeugen so einen
enormen Schub. Ein Beispiel: Der
moderne Flugzeugtyp „Boeing 777" hat
zwei Triebwerke; sie treiben das
Flugzeug mit insgesamt 175.000 PS an.

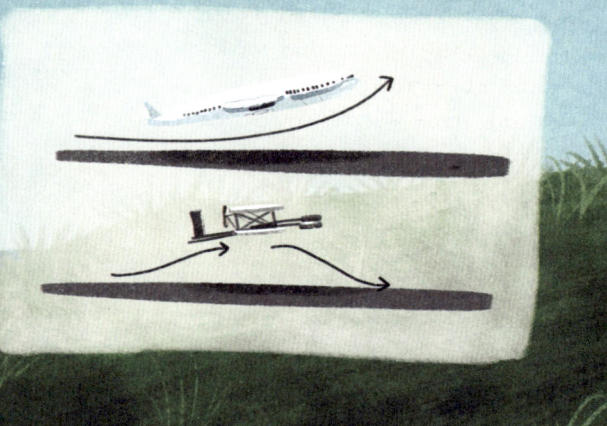

1905 flogen die Wright-Brüder mit dem „Flyer III" Strecken von über 40 Kilometern. Im Jahr 1908 nahmen sie zum ersten Mal einen Passagier mit. Zwei Jahre später machten die Brüder gemeinsam einen Testflug. Das war das einzige Mal, dass sie gemeinsam flogen – und sie hatten ihren Vater vorher um Erlaubnis gefragt. Eigentlich hatten sie ihm nämlich versprochen, dass wegen des großen Risikos beim Fliegen immer nur einer von beiden ins Flugzeug steigen würde. Sie gründeten eine Firma, die Flugzeuge in Serie produzierte. Fast wie Vögel konnten sich Menschen dank ihrer Erfindungen nun in die Lüfte erheben.

Amelia Earhart überquerte 1932 – fünf Jahre nachdem Charles Lindbergh als erster Mensch allein über den Atlantik geflogen war – als erste Frau im Alleinflug den Atlantik und 1935 als erster Mensch überhaupt einen Teil des Pazifischen Ozeans zwischen Hawaii und Kalifornien. Sie starb, als sie im Flugzeug entlang des Äquators die Erde umrundete. Sie konnte auf dem letzten Teil der Strecke keine Funksignale mehr empfangen und die Insel, auf der sie landen wollte, nicht finden. 64 Flugzeuge und acht Kriegsschiffe wurden zu ihrer Suche eingesetzt – und blieben leider erfolglos.

1909 nahm der Pilot John Moore-Brabazon ein Schwein mit auf einen Flug. Es war ein Scherz, mit dem er sagen wollte: Das Unmögliche ist möglich, Schweine können fliegen. Er nannte das Schwein Icarus II. und beide landeten sicher wieder auf der Erde – anders als der Namensvetter des Schweins in der griechischen Mythologie.

Der Flugsimulator ist das Trainingsgerät für Pilotinnen und Piloten.

Amelia Earhart

Harriet Quimby war die erste Frau in den USA mit Flugschein und die erste Frau, die 1912 im Alleinflug den Ärmelkanal zwischen Frankreich und England überquerte.

Harriet Quimby

Leonardo da Vinci, der Maler, Bildhauer, Musiker, Philosoph, Ingenieur und Naturwissenschaftler war, hätte sich über das Motorflugzeug sicher gefreut, denn er hat schon im 15. Jahrhundert ein Fluggerät mit Luftschraube entworfen — eine Art Urururgroßvater des Helikopters.

Heute fliegen Flugzeuge dank ihrer modernen Düsentriebwerke in kurzer Zeit rund um die Welt. In das größte Passagierflugzeug passen 850 Menschen. Flugzeuge transportieren auch sehr viel Fracht. All das richtet Schaden an: Beim Verbrennen von Treibstoff entsteht Kohlendioxid. Dadurch erwärmt sich das Klima. Viele Folgen davon sind jetzt schon auf unserem Planeten spürbar. Deshalb arbeiten Forscherinnen und Forscher unter anderem daran, neue Treibstoffe zu entwickeln.

BUCHDRUCK

Die Erfindung des Buchdrucks durch Johannes Gutenberg
öffnete vielen Menschen neue Welten. Texte konnten nun
in großer Zahl verbreitet werden. Das veränderte
Wissenschaft, Religion und Kultur.

Das Papier musste
feucht sein, um
die Farbe aufnehmen
zu können.
Das bedruckte
Papier wurde dann
wie Wäsche
zum Trocknen
aufgehängt.

Johannes
Gutenberg

NEWS

Bevor der Deutsche Johannes Gutenberg den Buchdruck erfand, wurden Bücher per Hand abgeschrieben. Das war sehr aufwendig und machte Bücher unglaublich kostbar. Versuch mal selbst eine Buchseite abzuschreiben – und dann stell dir vor, du müsstest das für Hunderte Seiten tun! In China, Japan, Korea und anderen asiatischen Ländern war der Druck mit geschnitzten Holzklötzen zwar schon ab dem 7. Jahrhundert bekannt, aber auch diese Methode kostete viel Zeit, denn Text und Bild auf einer Seite wurden dafür von Hand komplett in einen Holzklotz geschnitzt.

Gutenbergs Talent als Goldschmied half ihm sehr bei der Erfindung des Buchdrucks. Er fertigte Satzzeichen

Die Buchstaben konnten immer wieder verwendet werden. Man musste sie nur nach dem Druck auseinandernehmen und wieder neu zusammensetzen.

Durch Gutenbergs Erfindung konnte 1605 in Straßburg die allererste Zeitung gedruckt werden.

sowie Groß- und Kleinbuchstaben gleich in mehrfacher Ausführung an. Die Buchstaben konnten zu Wörtern zusammengesetzt, danach wieder auseinandergenommen und in einem Setzkasten verstaut werden. Zur Herstellung der sogenannten Lettern benutzte Gutenberg Hohlformen, in die er eine Bleimischung goss.

Die Erfindung des Buchdrucks war eine echte technische Revolution. Es wurde viel einfacher, Bücher herzustellen. So bekamen immer mehr Menschen Zugang zu unterschiedlichen Büchern und die Chance, überhaupt lesen zu lernen. Lesen war davor jahrhundertelang nur wenigen Menschen vorbehalten gewesen, die so bestimmen konnten, welches Wissen verbreitet und wie die Geschichte der Menschheit erzählt wurde. Durch Gutenbergs Erfindung hatten nicht mehr nur sehr reiche Menschen die Möglichkeit, Sprachen und viele andere Dinge zu lernen. Viele Millionen Bücher wurden in dem Jahrhundert nach Gutenbergs Erfindung in der ganzen Welt gedruckt. Das war viel, aber immer noch sehr wenig im Vergleich zur Anzahl der Bücher, die es heute gibt. Wusstest du, dass weltweit allein mehr als eine halbe Milliarde *Harry-Potter*-Bücher verkauft wurden?

Das schwerste Buch der Welt ist *Das Buch der Apokalypse*, ein zwischen 1958 und 1961 unter Beteiligung des spanischen Künstlers Salvador Dalí entstandenes Kunstwerk. Es hat 300 Seiten, die aus großformatigem Pergament bestehen, und wiegt 210 Kilogramm – das ist so schwer wie ein ausgewachsener männlicher Löwe!

Salvador Dalí

Es wurden 180 Gutenberg-Bibeln gedruckt; 49 davon gibt es heute noch.

Lange Zeit wurden Märchen in Deutschland nur mündlich überliefert. Das änderten die Brüder Grimm. Dank der Erfindung des Buchdrucks konnte 1812 in Berlin der erste Band der *Kinder- und Hausmärchen* mit 86 Märchen, etwa „Dornröschen" oder „Hänsel und Gretel", erscheinen.

Der erste gedruckte Bestseller der Geschichte war die fast 1.300 Seiten dicke, aus zwei Bänden bestehende Gutenberg-Bibel. Sie wird auch B-42 genannt, weil sie in einem 42-zeiligen Layout gesetzt ist.

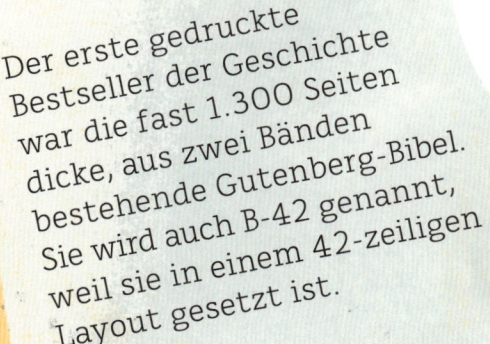

Der berühmte US-amerikanische Schriftsteller Mark Twain sagte über Gutenbergs Erfindung, sie sei das größte Ereignis, das jemals in der Geschichte stattgefunden habe.

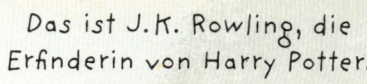

Das ist J. K. Rowling, die Erfinderin von Harry Potter.

Die britische Schriftstellerin J. K. Rowling schrieb *Die Märchen von Beedle dem Barden* siebenmal per Hand als Sonderausgabe des gedruckten Buchs. Diese Märchen kennt jedes Zaubererkind in der *Harry-Potter*-Welt (Harry und Hermine natürlich nicht, da sie bei Muggeln aufgewachsen sind). Eines dieser handgeschriebenen Bücher wurde für über zwei Millionen Euro versteigert.

BLINDENSCHRIFT

AB 1825

A B C D

Mit sechs Punkten veränderte Louis Braille als
16-Jähriger die Welt. Er erfand eine Schrift für
Menschen, die nicht sehen können. So machte er
für sie möglich, lesen und schreiben zu können.

Louis Braille ordnete
sechs Punkte wie bei einem
Würfel an. Der einfachste
Buchstabe, das „A", ist
ein Punkt oben links.

Louis Braille

Louis Brailles Geschichte beginnt mit
einem schlimmen Unfall. Als Dreijähriger
stieß er sich versehentlich ein Werkzeug
ins Auge. Die Verletzung entzündete sich,
und auch das andere Auge war einige Zeit
später davon betroffen – mit fünf Jahren
war Louis komplett blind. Aber er hatte
einen starken Willen und wollte nicht
vom Leben, wie er es bis dahin gekannt
hatte, ausgeschlossen sein. Sein Vater
fertigte ihm Holztafeln mit Nägeln in
Buchstabenformen an. So brachten seine
Eltern ihm das Alphabet bei. In Paris gab
es zu dieser Zeit eine der ersten Schulen
für Blinde auf der Welt. Als Louis zehn Jahre
alt war, bekam er dort einen Platz.

Die blinden Schüler lernten haupt-
sächlich, indem sie zuhörten und dann
wiederholten, was der Lehrer gesagt
hatte. Papageienmethode nennt man
das. Ziemlich mühsam! Als Louis elf Jahre
alt war, kam ein Besucher an die Blinden-
schule. Er hieß Charles Barbier und war
Soldat. Er erzählte den Schülern von
seiner Idee einer speziellen Schrift, mit
der sich Soldaten geheime Nachrichten
schicken konnten. Er nannte sie
Nachtschrift. Barbier erklärte, dass
bei dieser Schrift Punkte ins Papier
geprägt wurden, die für
Buchstaben und Silben
standen, die man dann
ertasten konnte.

R S T

E F G H I J K L M N O P Q

Charles Barbier

Das ist die Nachtschrift von Charles Barbier, die Louis Braille weiterentwickelte.

Im Jahr 1878 beschlossen Fachleute, dass diese Schrift offiziell an Blindenschulen verwendet werden sollte. Heute wird die Brailleschrift rund um die Welt verwendet: Man kann damit verschiedene Sprachen, Zahlen, Musiknoten und sogar chemische und mathematische Formeln schreiben. Manchmal bedeuten die Punkte Unterschiedliches: Die Punktekombination für das deutsche „ch" wird in englischen Texten für „th" verwendet und auf Arabisch und Hebräisch für einen t-Laut.

Man findet die sogenannte Brailleschrift auf Bank- und Versichertenkarten und natürlich in Büchern – wie zum Beispiel *Harry Potter und der Stein der Weisen,* das in der Brailleausgabe größer und dicker ist. Die Schrift der Sehenden wird zur Unterscheidung übrigens Schwarzschrift genannt (einfach, um einen Begriff dafür zu haben – selbst wenn ein Text in rot oder blau gedruckt ist).

So sollten Soldaten bei Nacht unbemerkt lesen können, ohne eine Laterne anzünden zu müssen. Louis wollte diese Idee für Blinde weiterentwickeln, um mit den Fingern statt mit den Augen lesen zu können.

Vier Jahre später, im Jahr 1825, hatte er ein Blindenalphabet aus sechs Punkten zusammengestellt. Seine Erfindung war genial: Aus den Punkten ergaben sich 64 Kombinationsmöglichkeiten, um Buchstaben, Zahlen und Zeichen darzustellen. Der Schuldirektor war sofort von dem Alphabet überzeugt, und auch die Mitschüler waren begeistert.

Heute kann man Brailleschrift zum Beispiel auf Medikamentenpackungen fühlen.

u v w x y z

POST-IT

Art Fry sang in einem Chor. Für sein Gesangsbuch brauchte er viele verschiedene Lesezeichen. Dafür benutzte er Papierstücke, die aber andauernd aus dem Buch herausrutschten.

So kam Art Fry auf die Idee, kleine Zettel herzustellen, die zwar klebten, sich aber auch leicht wieder ablösen ließen. Fry war Chemietechniker für die Forschungsabteilung eines großen Unternehmens in den USA. Ihm fiel ein, dass sein Forscherkollege Spencer Silver 1968 an einem extrastarken Klebstoff gearbeitet hatte. Silver war es zwar gelungen, einen Kleber zu entwickeln, der auf fast allen Oberflächen haften blieb, aber er klebte nicht superstark, sondern ließ sich leicht ablösen.

Fry kam eine Idee: Für kleine Lesezeichen, als Markierung oder Notiz könnte dieser Kleber genau das Richtige sein. Er verbesserte den Kleber so, dass man damit Zettel aufkleben und leicht wieder lösen konnte – ohne dass

Anfangs gab es keine Auswahl an Farben: Post-its waren hellgelb (und sind es heute oft immer noch). Die typische Farbe des Zettels entstand, weil ein benachbartes Labor nur gelbes Papier vorrätig hatte – die Farbe war also gar keine Absicht.

Heute gibt es Post-its in Pastell- und Neontönen und in Herz-, Sprechblasen- oder Pfeilform.

Art Fry

Spencer Silver

Seiten einrissen oder Klebereste auf dem Papier haften blieben. Aber den Chef seines Unternehmens, der die Zettel „klebrige Papierstücke" nannte, konnte Fry nicht sofort überzeugen. Das war eine Enttäuschung. Aber Fry gab nicht auf: Er und sein Abteilungschef benutzten die Haftzettel, um sich kurze Nachrichten zu schreiben und sie auf Konzepte und Akten zu kleben, die sie sich gegenseitig zuschickten.

Schließlich konnte Fry den Chef doch für die Idee begeistern. Um auch Chefs anderer Firmen davon zu überzeugen, wie praktisch die Idee war, schickte man Trainer dorthin. Sie erklärten den Mitarbeitenden, wie man Post-its am besten benutzt. Viele fanden die Klebezettel sehr hilfreich. Inzwischen gelten Post-its als eine der wichtigsten Erfindungen des 20. Jahrhunderts. In mehr als hundert Ländern werden sie heute verwendet.

Stell dir vor: Jedes Jahr werden so viele Post-its produziert, dass man auf mehr als zehn Millionen Kilometer käme, wenn man alle Zettel aneinanderkleben würde. Die Strecke zum Mond und zurück könnte man mit dieser Menge gleich mehrfach bekleben.

Die Produktion von Post-its beginnt mit einer Papierrolle, die etwa 9.000 Meter lang und 800 bis 900 Kilogramm schwer ist (also in etwa so viel wiegt wie ein Eisbär). Das Papier wird mit Kleber bestrichen, dann in eineinhalb Meter große Quadrate geschnitten. Jeweils hundert Seiten werden aufeinandergestapelt und in das Format von Post-it-Blöcken zerteilt.

RADIOAKTIVITÄT

Marie Curie entdeckte radioaktive Elemente und deren Eigenschaften. Als erste Frau bekam sie 1903 die wichtigste Auszeichnung in der Welt der Forschung: den Nobelpreis. Damals in Physik – und 1911 sogar noch einen weiteren in Chemie.

Mit vier Jahren konnte Marie schon lesen und Rechenaufgaben lösen. Als Erwachsene zog sie von ihrer Heimatstadt Warschau nach Paris um. Frauen durften in Polen zu ihrer Zeit nicht studieren. Davon wollte sie sich aber nicht aufhalten lassen. 1891 begann sie an der berühmten Universität Sorbonne Physik zu studieren. Außer ihr studierten dort nur knapp 20 andere Frauen – und über 1.800 Männer. Bei den Prüfungen war sie die Beste in ihrem Fach. 1894 lernte sie den Physiker Pierre Curie kennen, die beiden verliebten sich, heirateten und arbeiteten zusammen. Marie Curie entdeckte die bis dahin unbekannten chemischen Elemente Polonium und Radium und deren Strahlung, für die sie das Wort „radioaktiv" erfand.

Das Wort „Radium" wurde zum Modebegriff. Gaststätten und Kinos wurden damals nach dem von Curie entdeckten Element benannt.

Curie bekam 1921 vom damaligen
US-Präsidenten Warren G. Harding
ein Gramm Radium geschenkt, nachdem
eine US-amerikanische Journalistin
für sie zu Spenden aufgerufen hatte.
Das war unglaublich viel. Mit dem
Radium konnte sie weiterforschen.

Radioaktive Strahlen sind unsichtbar und können feste Materie zum Teil durchdringen. Spüren kann man sie nicht. Wegen der starken radioaktiven Strahlung leuchten Radiumpräparate im Dunkeln. Das Potenzial von Radium als Mittel gegen Krebserkrankungen wurde in der Forschung bald zu einem großen Thema. Curie war in ihrem Leben übrigens oft die erste, die etwas begann oder erfand: Zum Beispiel war sie die erste Frau, die in Frankreich an einer Universität unterrichtete.

Während des Ersten Weltkriegs beschäftigte sich Curie mit Radiologie. Sie baute mobile Röntgengeräte, mit denen sie 20 Röntgenwagen ausrüstete. Damit konnte man bei verletzten Soldaten gebrochene Knochen oder Kugeln im Körper finden. Dadurch wurden viele Leben gerettet, denn Krankenhäuser waren weit entfernt von den Orten, an denen gekämpft wurde. Gemeinsam mit ihrer Tochter Irène brachte Curie auch anderen Frauen bei, mit den Röntgengeräten zu arbeiten.

Marie Curie

Curies mobile Röntgenwagen wurden „Petites Curies"
genannt. Sie machte sogar extra den Führerschein,
um selbst einen dieser Wagen fahren zu können.

Röntgenstrahlen sind
elektromagnetische Strahlen.
Das Besondere an diesen Strahlen ist,
dass man mit ihnen durch feste
Gegenstände schauen kann. Das fand
der deutsche Wissenschaftler
Wilhelm Conrad Röntgen bei einem
Experiment heraus. Er erkannte, dass
man mithilfe der Strahlen auch das
Innere eines Menschen, also die
Knochen und die Organe, sehen kann.

Das sind
Röntgenaufnahmen
von einem Arm
und einem Becken.

Die Radiologie blieb auch nach dem Krieg ein wichtiger Bereich in der Medizin – und ist es bis heute. Curie setzte ihre Forschung mit Radium nach dem Krieg fort.

Radium war die am stärksten radioaktiv strahlende Materie, die damals bekannt war. Es ist auch eines der seltensten natürlichen Elemente. Curie starb 1934. Die Strahlung der von ihr entdeckten Elemente hatte sie krank gemacht. Ihre Tochter Irène wurde auch Physikerin und Chemikerin und erhielt ebenfalls einen Nobelpreis. Sie arbeitete mit den Elementen, die ihre Mutter entdeckt hatte – und auch ihre Gesundheit litt darunter. Wahrscheinlich erkrankte sie deshalb an Leukämie.

Irène Curie

Es gibt Notizbücher, Aufzeichnungen und sogar ein Kochbuch von Marie Curie. Sie sind allerdings heute noch so stark verstrahlt, dass sie nur mit Schutzkleidung berührt werden dürfen.

MIKROSKOP

Wer genau hinsieht, kann mehr verstehen. Ein Mikroskop vergrößert winzig kleine Dinge. So können wir erforschen, was sonst unsichtbar für unsere Augen wäre. Und da gibt es einiges!

Ohne die Erfindung des Mikroskops wüssten wir nicht, dass Bakterien existieren, und hätten nicht herausgefunden, dass sie krank machen können. Wissenschaftlerinnen und Wissenschaftler hätten auch nicht erforschen können, wie das menschliche Erbgut aussieht und wie Zellen sich teilen. All das ist wichtig, um Wege zu finden, Krankheiten zu heilen.

Das erste Mikroskop wurde Ende des 16. Jahrhunderts gebaut. Nachdem es gelungen war, Dinge bis zu neunfach zu vergrößern, wollten Forscherinnen und Forscher natürlich noch mehr entdecken. Der niederländische Erfinder Antoni van Leeuwenhoek schaffte es, Dinge etwa 270-fach zu vergrößern.

Eine Lupe kann einen Buchstaben etwa zwei- bis sechsmal größer zeigen.

„Mikrós" ist Griechisch und heißt „klein", „skop" kommt von „skopein", was „betrachten" bedeutet.

In seinem Zahnbelag fand van Leeuwenhoek Bakterien ... dafür hatte er extra länger nicht die Zähne geputzt – aber psst, nicht verraten!

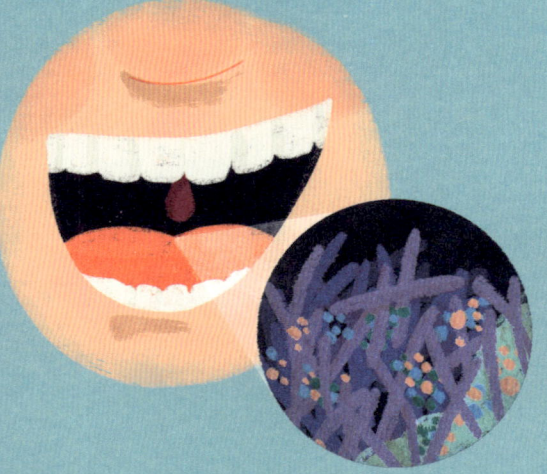

So sehen Zellen und ihre Zellkerne aus, wenn man sie durch ein Mikroskop anschaut.

Das war ein riesiger Schritt. Er fand zum Beispiel heraus, dass es die Kapillaren (ganz kleine Blutgefäße) in Lebewesen wirklich gibt, und wie rote Blutkörperchen sich in Froschbeinen bewegen. Besonders wichtig für die Wissenschaft war van Leeuwenhoeks Entdeckung von Bakterien – unter anderem in Teich- und Regenwasser, menschlichem Speichel und seinem eigenen Zahnbelag. Damit war der Anfang gemacht, winzig kleine Mikroorganismen zu studieren und herauszufinden, welche davon uns krank machen können.

Hausstaubmilben gehören zu den Wesen, mit denen wir zusammenwohnen, ohne sie sehen zu können. Unter einem Mikroskop werden sie sichtbar: Milben sind kleiner als einen halben Millimeter, blind, halten sich in Betten und Sofas auf und fressen sich durch den Staub. Hübsch sind sie nicht – sie könnten aber gut außerirdische Bösewichte in einem Superheldenfilm spielen.

Van Leeuwenhoek schraubte winzige Linsen zwischen Messingplatten.

Van Leeuwenhoek machte im Teichwasser eine unglaubliche Entdeckung. Was er sah, erinnerte ihn an kleine Tierchen. Anfangs glaubte ihm keiner, aber er hatte Bakterien und Einzeller entdeckt.

Antoni van Leeuwenhoek

Ernst Ruska

Das sind gesunde Bakterien, die sich in unserem Darm aufhalten.

Diese Darmbakterien hingegen können Krankheiten verursachen.

Van Leeuwenhoek benutzte Mikroskope, bei denen die Vergrößerung mithilfe von Licht stattfand. Schau dich mal in deiner Schule um – wahrscheinlich werden dort auch Lichtmikroskope verwendet, die aber heute ganz anders aussehen als zu van Leeuwenhoeks Zeit. Ein Lichtmikroskop funktioniert so: Mithilfe des Objektivs und des Lichts wird von einem dünnen, durchleuchteten Objekt ein vergrößertes Bild erzeugt. Man betrachtet es mit dem sogenannten Okular, das wie eine Lupe funktioniert und das Bild noch vergrößert.

Aber mit einem Lichtmikroskop kann man ein Bild nur begrenzt vergrößern. Das war dem französischen Physiker Louis de Broglie nicht genug. Er entdeckte 1924, dass man mit sich bewegenden Elektronen Mikropräparate vergrößern kann. Mikropräparate sind die Objekte, die man sich mit dem Mikroskop ansieht – zum Beispiel Teile eines Insekts oder einer Pflanze. Sie liegen oft unter einem hauchdünnen Glasplättchen. 1931 baute der deutsche Elektroingenieur Ernst Ruska das Elektronenmikroskop. Damit ließ sich ein Bild 2.000.000-fach vergrößern. So wurde es möglich, den Aufbau feinster Strukturen von Lebewesen und Viren zu erkennen.

Mithilfe einer besonderen Form des Lichtmikroskops — eines STED-Mikroskops — kann man sogar DNS untersuchen. Die DNS ist eine Art Bauanleitung für alle Teile eines Lebewesens und steckt in unseren Zellen, genauer gesagt im Zellkern.

In einem Elektronenmikroskop wird ein Elektronenstrahl erzeugt. Stell dir einen Superhelden vor, der den Strahl durch die Röhre des Mikroskops feuert. Wenn der Strahl einen Punkt des Mikropräparats erreicht, das man sich genauer ansehen will, strahlt dieses selbst wieder Elektronen ab, die vom Mikroskop aufgefangen werden. So wird nach und nach das ganze Präparat Punkt für Punkt mit dem Strahl erreicht. Aus den Elektronen, die abgestrahlt und aufgefangen werden, wird ein Bild zusammengesetzt. Darauf sieht man das Objekt stark vergrößert. (Elektronen sind übrigens winzige negativ geladene Teilchen.)

2014 ging der Nobelpreis für Chemie an ein Team aus deutschen und US-amerikanischen Chemikern für ihre hochauflösende Lichtmikroskopie, mit der sie den Weg einzelner Moleküle in lebenden Zellen darstellen können. In einem Molekül schließen sich mehrere Atome zusammen. Wassermoleküle (H_2O) bestehen zum Beispiel aus je zwei Wasserstoffatomen und einem Sauerstoffatom. Die Chemiker konnten mit ihrem Mikroskop zeigen, wie sich Moleküle zwischen den Nervenzellen des Gehirns bewegen, oder auch einzelne Proteine in befruchteten Eiern beobachten.

Louis de Broglie

IMPFUNG

Pocken waren eine furchtbare Krankheit, an der viele Jahrhunderte lang Millionen von Menschen starben. Ein britischer Arzt erfand die lebensrettende Impfung – mithilfe einer Kuh!

Es heißt, dass eine junge Melkerin dem Arzt Edward Jenner erzählte, dass sie nie an Pocken erkranken werde. Das machte ihn neugierig. Die Melkerin erklärte Jenner: Da sie die Pocken schon von ihrer Kuh bekommen habe, sei sie immun gegen andere Arten von Pocken. „Immun sein" bedeutet, dass der Körper gegen Krankheitserreger unempfindlich ist. Auch Menschen konnten sich mit diesen Kuhpocken anstecken, sie waren aber nicht sehr gefährlich für sie. (Es kommt

sehr selten vor, aber theoretisch könnte man sich auch heute noch damit anstecken.) Jenners Forschergeist war geweckt! Aus der Geschichte der Melkerin leitete er die Theorie ab, dass ein mit Kuhpocken angesteckter Körper Abwehrstoffe gegen die Pocken bildete – und er wagte ein Experiment. 1796 ritzte er die Pockenbläschen einer anderen Melkerin auf, die an Kuhpocken erkrankt war.

Sie hieß Sarah Nelmes. Jenner entnahm etwas Eiter und trug ihn auf zwei

Das lateinische Wort für „Kuh" ist „vacca". Das griff Jenner auf, als er seine Erfindung Vakzination nannte.

Obwohl immer mehr Menschen gegen Pocken geimpft wurden, gab es die Krankheit bis ins 20. Jahrhundert. 1967 fasste die Weltgesundheitsorganisation (WHO) den Beschluss, die Pocken endgültig auszurotten. In Europa war die Impfung bereits Pflicht. Nun reisten Medizinerinnen und Mediziner auch nach Indien und Afrika und impften dort, wo noch viele Menschen krank wurden.

Kratzer an den Oberarmen des achtjährigen James Phipps auf. James war der Sohn von Jenners Gärtner. James bekam Fieber und fühlte sich unwohl, wurde aber schnell wieder gesund. Was Jenner dann versuchte, war sehr gefährlich und wäre heute nicht mehr erlaubt, aber er war überzeugt davon, dass er dem Jungen nicht schaden würde. Er wiederholte den Vorgang bei James, aber diesmal mit Eiter von Menschenpocken – der tödlichen Krankheit. James erkrankte nicht; er war immun. Ein Glück!

Die Royal Society – die höchste naturwissenschaftliche Einrichtung des Vereinigten Königreichs – war von Jenners Untersuchungen zunächst nicht überzeugt und forderte mehr Beweise. Jenner entschied sich, auf eigene Faust Kinder und Erwachsene zu impfen und veröffentlichte die Ergebnisse selbst. Sie gingen um die Welt. Schließlich wurde Jenner doch Mitglied der Royal Society und seine Impfung, die er Vakzination nannte, zu der Methode, um Menschen vor den Pocken zu schützen.

Heute gibt es Impfungen gegen Krankheiten wie Mumps, Masern und Röteln, die früher sehr gefährlich für Menschen waren.

Edward Jenner

James Phipps

TRANSISTOR

AB 1947

Transistoren sind die wichtigsten Bauteile auf einem Mikrochip. Sie können Signale umschalten und verstärken, sie regeln also den Stromfluss in Schaltungen.

Der Transistor wurde von John Bardeen und Walter Brattain entwickelt. Bardeen war ein US-amerikanischer Physiker und ein ganz besonderer Wissenschaftler. Er wurde zwei Mal mit dem Nobelpreis ausgezeichnet. Er war schon als Jugendlicher so begabt, dass er in der Schule gleich mehrere Klassen übersprang. Deshalb begann er bereits mit 15 Jahren an der University of Wisconsin Elektrotechnik, Mathematik und Physik zu studieren. Er studierte ein paar Jahre später auch an den berühmten Universitäten Princeton und Harvard – und bald arbeitete er an einem weiteren berühmten Ort: den Bell Labs in New Jersey, wo viele wichtige Erfindungen des 20. Jahrhunderts wie der erste Nachrichtensatellit, Solarzellen oder die Mobilfunktechnik ihren Anfang nahmen. Dort erforschte Bardeen

John Bardeen

Walter Brattain

zusammen mit dem Physiker Brattain die elektrische Leitfähigkeit von bestimmten Festkörpern (sogenannten Halbleitern) und Metallen. Einen Tag vor Weihnachten 1947 bauten sie den ersten bipolaren Transistor. Ob sie ahnten, für wie viele Weihnachtsgeschenke sie damit die Grundlage geschaffen hatten? Jedenfalls steht fest, dass ihre Erfindung eine elektronische Revolution auslöste.

Transistoren werden in Computern, aber zum Beispiel auch in Hörgeräten, Belichtungs- und Temperatursensoren, Ladegeräten und Blinkern eingesetzt – und sogar in der Weltraumfahrt.

Bipolare Transistoren bestehen aus drei Teilen: Kollektor, Basis und Emitter.

Das Wort „Transistor" ist zusammengesetzt aus den englischen Begriffen „transfer" („übertragen") und „resistor" („Widerstand").

MIKROCHIP

Das griechische Wort *mikro* bedeutet „klein". Einen Mikrochip kannst du dir in etwa so dünn wie Papier vorstellen und kleiner als einen Fingernagel. Aber kaum eine Erfindung hat die Menschheit so sehr verändert.

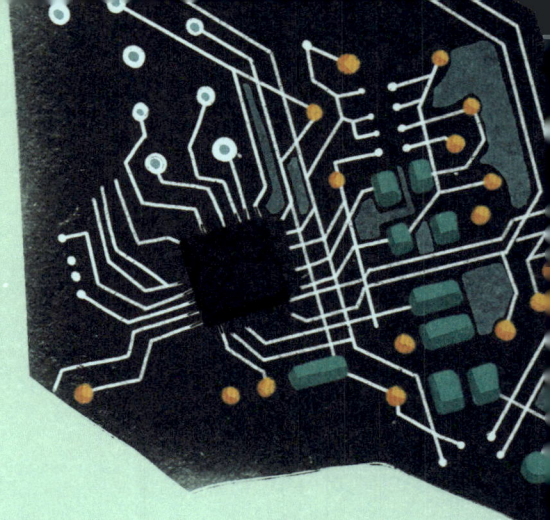

Mikrochips stecken in lauter Dingen, die wir in unserem Alltag verwenden: in Computern, Smartphones oder Bankkarten zum Beispiel. Die US-amerikanischen Erfinder Robert Noyce und Jack Kilby arbeiteten in den

1950er-Jahren in unterschiedlichen Firmen an der Entwicklung des integrierten Schaltkreises (kurz IC, für *integrated circuit*), der Grundlage für den Bau von Mikrochips. Wie viel man damit später erreichen würde, ahnte damals aber noch niemand.

Es heißt, die erste Präsentation von Kilbys integriertem Schaltkreis sei nicht besonders aufregend gewesen. Er war sich damals wohl selbst noch nicht sicher, was er damit machen würde. Aber er spürte vielleicht, dass man daraus noch viel mehr entwickeln könnte.

Er zeigte eine Germaniumplatte (einen Halbleiter), rund elf Millimeter lang, bestückt mit einem Transistor (der elektrische Spannungen und Ströme steuert) und ein paar Kleinteilen. Kilby legte einen Schalter um. Der integrierte Schaltkreis begann daraufhin über ein angeschlossenes Oszilloskop

Heute stecken Mikrochips in Radios, Fernsehern, Autos und Waschmaschinen. Du kannst ja mal ein Experiment machen und mit deiner Familie ausprobieren, einen Tag lang nichts zu benutzen, das einen Mikrochip enthält. Falls du schon mal Wäsche mit der Hand gewaschen hast, ahnst du vielleicht, was euch bevorsteht.

Man kann Haustiere durch einen Mikrochip kennzeichnen, damit sie wiedergefunden werden können, wenn sie weglaufen.

Robert
Noyce

Jack
Kilby

(ein Messgerät) eine Sinuskurve zu zeichnen (das heißt, dass sich ein einzelner Kurvenabschnitt immer wieder wiederholte – wie eine ganz regelmäßige Welle). Das war erst einmal alles. Es gab noch keine Produkte, für die diese Erfindung gebraucht wurde.

Kilby beschäftigte sich aber weiter mit dem IC – und der Elektronikhersteller Texas Instruments baute schließlich ein Gerät, in dem integrierte Schaltkreise arbeiteten: einen Taschenrechner. Im Gegensatz zu den damals üblichen Rechenmaschinen, die etwa halb so groß waren wie Yoda aus *Star Wars,* war der Taschenrechner ein

Es heißt, die Erfinder Noyce und Kilby hätten persönlich nie Streit miteinander gehabt wegen der Erfindung des ICs. Ihre Firmen Fairchild Semiconductor und Texas Instruments allerdings stritten sich, in wessen Labor der integrierte Schaltkreis erfunden worden sei. Kilby wurde später mit dem Nobelpreis ausgezeichnet. Noyce gründete die Firma Intel, die heute der größte Computerchiphersteller der Welt ist.

leichtes, kleines Gerät. Nun war klar, was mit ICs erreicht werden konnte, denn in dem Taschenrechner waren dank dieser Technologie viele Funktionen in einem kleinen Gerät versammelt.

Bei der Weiterentwicklung von Computern spielten ICs eine wichtige Rolle. 4.000 kleine Transistoren auf einem Siliziumplättchen ergaben 1969 den ersten Mikrochip. Durch immer ausgeklügeltere Technik können heute auf Mikrochips von einigen Quadratmillimetern mehrere Milliarden Transistoren platziert werden.

GLÜHBIRNE

AB 1802

Dank der Glühbirne wurde unsere Umgebung mit einem Mal viel heller. Mit dieser Erfindung begann auch die Elektrifizierung unserer Welt.

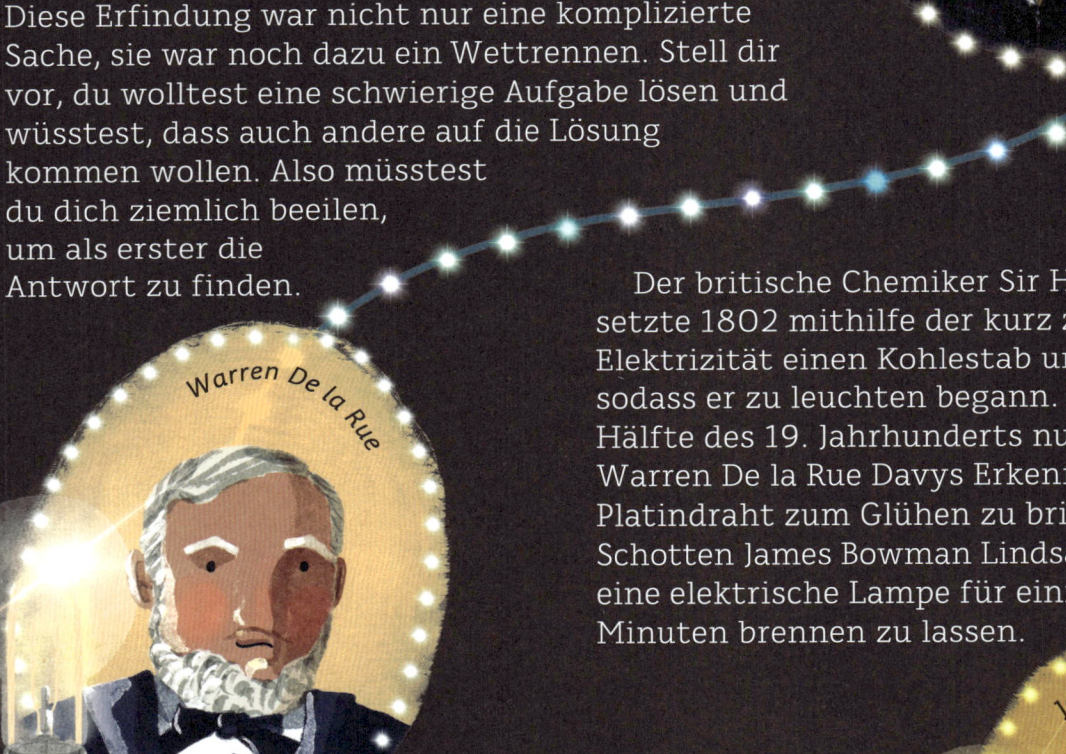

Sir Humphry Davy

Durch die Erfindung der Glühbirne konnten Menschen zu Hause so viel Licht haben, wie sie wollten – und zwar sehr viel helleres Licht als zuvor. Diese Erfindung war nicht nur eine komplizierte Sache, sie war noch dazu ein Wettrennen. Stell dir vor, du wolltest eine schwierige Aufgabe lösen und wüsstest, dass auch andere auf die Lösung kommen wollen. Also müsstest du dich ziemlich beeilen, um als erster die Antwort zu finden.

Warren De la Rue

Der britische Chemiker Sir Humphry Davy setzte 1802 mithilfe der kurz zuvor entdeckten Elektrizität einen Kohlestab unter Strom, sodass er zu leuchten begann. In der ersten Hälfte des 19. Jahrhunderts nutzte der Brite Warren De la Rue Davys Erkenntnisse, um einen Platindraht zum Glühen zu bringen. Dem Schotten James Bowman Lindsay gelang es 1835, eine elektrische Lampe für einige Minuten brennen zu lassen.

James Bowman Lindsay

Und schon wieder ein britischer Erfinder: Joseph Wilson Swan hatte 1860 die Idee, einen Papierstreifen mit einem Glaskolben zu umschließen. So wurde verhindert, dass er zu schnell brach oder durchbrannte. 1878 gelang ihm ein weiteres Experiment: Er pumpte die Luft aus einer Glasbirne heraus, in der ein verkohlter Baumwollfaden steckte. Swan ließ Strom durch sie hindurch fließen – und der Faden leuchtete hell auf.

Der in die USA ausgewanderte deutsche Uhrmacher Heinrich Göbel behauptete in seinen Aufzeichnungen, dass er in dieser Zeit auch Versuche mit Glühbirnen gemacht habe, die Kohlefasern enthielten.

Heinrich Göbel

Nichts bewegt sich schneller als Licht. Die Ausbreitungsgeschwindigkeit von Licht nennt man Lichtgeschwindigkeit. Sie beträgt 300.000 Kilometer pro Sekunde. Mindestens so schnell fliegt auch der Millennium Falke in Star Wars – das behauptet zumindest Han Solo!

Joseph Wilson Swan

Thomas Alva Edison

1879 stellte Thomas Alva Edison die erste Glühbirne her, die lange leuchtete. Er entwickelte ein Verfahren, um im Innern des Glaskolbens ein Vakuum zu erzeugen, damit der Glühfaden aus verkohlten Bambusfasern länger brannte. Die Glühbirne hielt etwa 1.000 Stunden durch. Edison war in den USA als Erfinder schon bekannt. Er hatte ein Forschungslabor aufgebaut und arbeitete mit einem Team aus Forschern und Forscherinnen. Gemeinsam hatten sie 6.000 Materialien getestet und dann entschieden, dass verkohlter Bambus am besten funktionierte. Edisons Firma begann, die Birnen in Serie zu produzieren. Weil ohne Stromversorgung keine Glühbirne

brennen konnte, baute Edison in New York, wo er lebte, im Jahr 1882 auch gleich das erste Elektrizitätswerk.

1880 hatte Edison das Patent für die Glühbirne bekommen, wogegen Swan Einspruch erhob. Swan hatte seine Glühbirne, in der verkohltes Papier glühte, 1878 in England zum Patent angemeldet. Während des Patentstreits meldete sich auch Göbel zu Wort und beanspruchte die Erfindung der Glühbirne für sich. Damit hatte er allerdings keinen Erfolg und nach heutigem Wissen stimmten seine Behauptungen wohl auch nicht. Swan und Edison taten sich schließlich zusammen und gründeten die Firma Edison & Swan, die in England Glühbirnen herstellte. Dass Edison heute bekannter ist als Swan, liegt daran, dass Edison zudem die Elektroindustrie aufbaute. Außerdem war er sehr geschickt darin, für sich selbst Werbung zu machen

In Großstädten wie Berlin, Shanghai oder New York ist nachts so viel künstliches Licht an, dass es schwer ist, die Sterne am Himmel zu erkennen.

und dafür zu sorgen, dass Zeitungen über ihn schrieben und über ihn gesprochen wurde.

Zu viel Licht ist übrigens ungesund. Zum Beispiel für Insekten. Sie kreisen bis zur Erschöpfung um Straßenlaternen, weil sie denken, es sei der Mond, den sie sonst zur Orientierung nutzen. Auch wir Menschen brauchen Pausen vom Licht, damit unsere Körper sich ausruhen und wir ruhig schlafen können. Besonders verwirrend für unseren Körper kann das Licht von Handys oder Tablets sein. Es enthält viele blaue Lichtstrahlen, wie Tageslicht. Diese Lichtstrahlen halten uns wach, auch wenn wir müde sind – denn der Körper bekommt von ihnen das Signal: Es ist Tag.

Heute werden oft Energiesparlampen benutzt. Sie verbrauchen weniger Strom als die klassische Glühbirne, deshalb heißen sie auch so. In vielen Ländern gibt es inzwischen ein Glühbirnenverbot.

Lampen, die mit sogenannter Halbleitertechnologie funktionieren, verbrauchen auch weniger Energie als die Glühbirne. Sie heißen LED-Lampen und erzeugen sehr helles Licht.

Wie viel künstliches Licht brennt, kann man am besten vom Weltall aus sehen. Auch in der Nacht strahlen Städte als helle Flecken auf der Erde.

Jederzeit Licht zu haben bedeutet, dass man jederzeit lesen, arbeiten, etwas zusammenbauen, schreiben oder zeichnen kann — auch wenn es draußen dunkel ist.

WECHSELSTROM

Nikola Tesla entwickelte die Technologie zur Erzeugung und Weiterleitung von Wechselstrom – also dem Strom, der aus der Steckdose kommt.

Nikola Tesla meldete im Lauf seines Lebens mehr als hundert Patente an. Er hatte unglaublich viele Ideen im Kopf. Er wollte zum Beispiel Sonnenenergie als Quelle zur Energieversorgung nutzen oder kabellose Energieübertragung möglich machen – Themen, an denen noch heute geforscht wird. Tesla übte unterschiedliche Berufe aus, bevor er sich nur noch seinen Erfindungen widmete. Er war Maschinenbauer, Straßenarbeiter, Aushilfslehrer und Telegrafentechniker. Dann arbeitete er für den bekannten ungarischen

Erfinder Tivadar Puskás, der in Paris Europas erste Telefonzentrale eröffnete. Damals fing Tesla an, über einen Wechselstrommotor nachzudenken. Diese Idee nahm er mit nach New York, wo er wieder für einen bekannten Erfinder arbeitete: Thomas Alva Edison (allerdings nur für wenige Monate).

Tesla wurde durch seine Erfindungen immer bekannter. Mit der Zeit verdiente er gut, lebte in teuren Hotels (statt in einer Wohnung oder einem Haus) und gab viel Geld aus (Krawatten trug er zum Beispiel nur eine Woche lang und warf sie dann weg).

Tesla hatte in seinem Labor verschiedene Spulen und Aufbauten und in der Mitte sogar einen bis auf 50 Meter Höhe ausziehbaren Eisenmast. Dieser sollte Blitzentladungen einfangen.

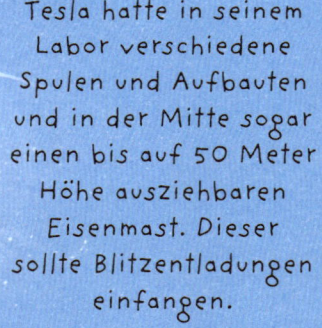

Du denkst bei dem Namen „Tesla" an Autos? Stimmt: Nikola Tesla ist Namenspatron von Tesla Inc., einem US-amerikanischen Hersteller von Elektroautos – mit Wechselstrommotoren.

Nikola Tesla

Tesla behauptete, Kontakt mit Außerirdischen gehabt zu haben. Das fanden andere Wissenschaftler sehr seltsam. Aber Tesla blieb dabei, dass er Funksignale vom Mars eingefangen habe. Einige Jahrzehnte später vermuteten Wissenschaftler, dass es sich um natürliche Radiowellen vom Jupiter gehandelt haben könnte.

Tivadar Puskás

1888 erhielt Tesla das Patent für seinen Elektromagnetischen Motor. Er gründete sein eigenes Versuchslabor und experimentierte damit, Elektrizität durch die Luft und die Erde weiterzuleiten. Er erfand die sogenannte Teslaspule, die hochfrequente Wechselspannung erzeugt. Teslas großes Ziel war es, bis zur Weltausstellung in Paris im Jahr 1900 drahtlos „Nachrichten und Energie" von der Ostküste der USA zu einer Empfangsstation in Frankreich übertragen zu können. Sein erstes Patent für die drahtlose Energieübertragung erhielt er am 20. März 1900. Es gilt heute als erstes Patent der Funktechnik.

Es gibt verschiedene Erklärungen dafür, dass Menschen sich noch heute am Telefon (und auch in Person) mit „Hallo!" begrüßen. Eine davon geht auf Teslas Chef Tivadar Puskás zurück. Als dieser 1877 in Boston den Prototyp eines Telefonapparats testete und am anderen Ende zum ersten Mal die Stimme seines Gesprächspartners Thomas Alva Edison hörte, soll er „Hallod?" gefragt haben — das heißt auf Ungarisch „Hörst du?". Anschließend soll er „Hallom" gesagt haben — „ich höre". Daraus wurde „Hallo".

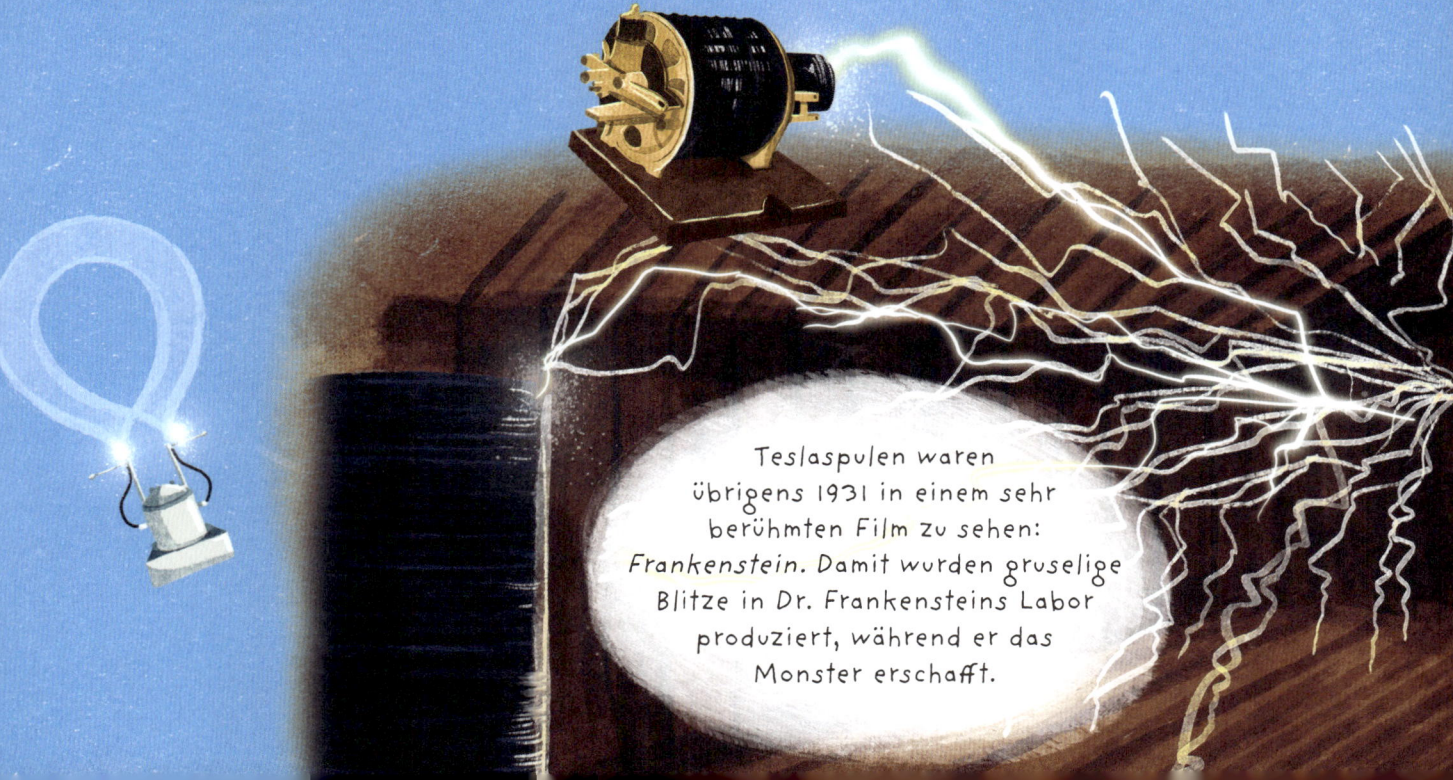

Teslaspulen waren übrigens 1931 in einem sehr berühmten Film zu sehen: Frankenstein. Damit wurden gruselige Blitze in Dr. Frankensteins Labor produziert, während er das Monster erschafft.

E-GITARRE

„Lauter bitte!" – Dieser Wunsch war der Auslöser
für die Erfindung der elektrischen Gitarre.
Mit ihr kann man den Klang des Instruments
verstärken und auch ganz neue Klänge erzeugen.

George
Beauchamp

Adolph
Rickenbacker

Vor etwa hundert Jahren veränderte sich viel in
der Welt der Musik. Big Band Jazz wurde immer
angesagter. „Big" ist das englische Wort für
„groß" – und der Klang dieser Bands war wirklich
groß: Neben Klavier, Schlagzeug und Gitarre gab es
gleich mehrere Trompeten, Posaunen und Saxofone.
Aber leider hörte man den Sound von Akustik-
gitarren dazwischen kaum noch.

Statt sich zu sagen: „Dann spiele ich eben
in kleinen Bands", beschloss der texanische
Musiker George Beauchamp, einen Weg zu
finden, seinen Gitarrensound zu verstärken.
Nach viel Tüftelei und einigen erfolglosen
Versuchen erfand er den elektromagnetischen Tonabnehmer.

Dieser funktioniert bis heute nach
einem ganz ähnlichen Prinzip wie

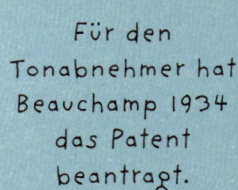

Für den
Tonabnehmer hat
Beauchamp 1934
das Patent
beantragt.

der Dynamo an deinem Fahrrad. Der Tonabnehmer hat eine Spule aus gewickeltem Kupferdraht, der mehrere oder einen Magneten umschließt. Bei Beauchamp waren es zwei Hufeisenmagnete, dazwischen liefen die Metallsaiten der Gitarre. So wie beim Dynamo die Energie des sich drehenden Rads in elektrische Energie umgewandelt wird und die Lampe deines Fahrrads zum Leuchten bringt, geht es auch bei der Gitarre um Bewegung – wobei diese für unsere Augen weniger gut zu sehen ist. Wenn die Metallsaiten einer Gitarre angeschlagen werden, entstehen Schwingungen. Magneten und Spule erzeugen dann ein elektromagnetisches Spannungsfeld. Dadurch werden die Schwingungen vom Tonabnehmer erkannt, genauer gesagt: Er erkennt Anzahl und Geschwindigkeit der Schwingungen und leitet diese Informationen an den Verstärker weiter. Ganz am Ende macht der Verstärker aus den Schwingungen wieder hörbare Töne.

Gemeinsam mit dem Gitarrenbauer Paul Barth und dem Erfinder Adolph Rickenbacker entwickelte Beauchamp die erste elektrisch verstärkbare Hawaiigitarre. Das Modell wurde wegen seines Aussehens als „Frying Pan" (Englisch für „Bratpfanne") bekannt.

Begeistert machten Musikerinnen und Musiker von der neuen Erfindung Gebrauch. Zum Beispiel...

... die Beatles...

... die geniale Gitarristin Sister Rosetta Tharpe...

...oder Chuck Berry.

Der US-amerikanische Instrumenten-
bauer Leo Fender entwickelte Anfang der
1950er-Jahre die nach ihm benannten
E-Gitarren und E-Bässe. Im Gegensatz zu
akustischen Gitarren haben sie keinen
Resonanzkörper. Das heißt: Sie sind nicht
hohl, sondern bestehen zum größten Teil
aus massivem Holz oder Kunststoff.
Deshalb klingen sie anders und sind
fast unverwüstlich.

Auch der Musiker und Erfinder
Les Paul trug zu der Entwicklung
dieser sogenannten Solidbody-
Bauweise bei (*solid body* heißt
„massiver Körper"). Seither
wurden die unterschied-
lichsten E-Gitarren entwickelt.

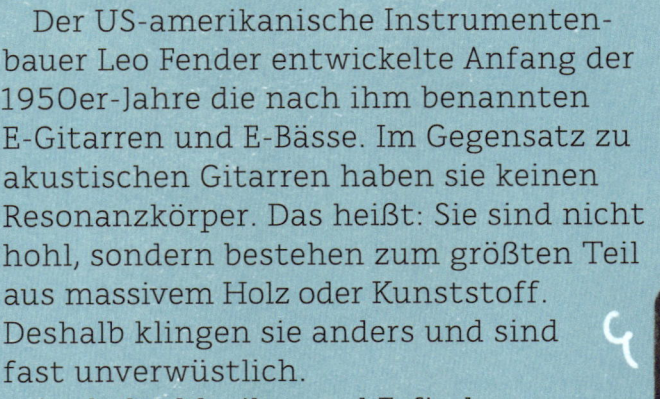

Jim Marshall

Es gibt sie zum Beispiel mit zwei
Hälsen, mit sieben Saiten (statt sechs)
oder als zusammenfaltbare Varianten.

Wichtig für den Klang ist zudem der
Verstärker. Das ist ein elektronisches
Gerät. Wenn du einen Song mit
E-Gitarre hörst, dann wird der Klang
nicht nur vom Instrument, sondern
auch vom Verstärker geformt. Viele
Gitarristinnen und Gitarristen sehen

Brian May, der
Gitarrist der Band Queen, baute
mit seinem Vater eine ausgefallene
E-Gitarre: Sie benutzten dafür die Klinge
eines Brotmessers, Holz aus einem alten
Kamin, Stricknadeln und die
Ventilfedern eines Motorrads.

St. Vincent ist die
erste Musikerin, die ein
Gitarrenserienmodell entwickelt
hat. Die Gitarre wird zum Beispiel von
Jack White, einem der beliebtesten
Gitarristen der Welt, benutzt.

Jimi Hendrix war einer
der bedeutendsten
Gitarristen der Welt.

den Verstärker als Teil des Instruments, nicht einfach nur als „Lautermacher". Und wie funktioniert ein Verstärker? Das Signal eines oder mehrerer Tonabnehmer aus der Gitarre wird über ein spezielles Kabel oder per Funk an den Verstärker übertragen.

Einer der wichtigsten Entwickler von Verstärkern war Jim Marshall. Ihm gehörte ein Musikgeschäft, er unterhielt sich viel mit Musikern und hatte deshalb ein gutes Gespür dafür, was sie sich wünschten. Wegen der Verstärker, Effektgeräte und Lautsprecherboxen, die er baute, bekam er den Spitznamen „The Lord of Loud" („Herr des Lauten"). Seit den 1960er-Jahren werden immer mehr Geräte benutzt, um den Klang von E-Gitarren durch Gitarreneffekte zu verändern.

1976 galten The Who, die damals etwa 126 Dezibel erreichten, als die lauteste Band der Welt. 30 Jahre später erreichte die Metalband Manowar bei einem Konzert 139 Dezibel. Auch AC/DC sind mit etwa 130 Dezibel lauter als eine Polizeisirene (116 Dezibel) und so laut wie ein Düsenjäger.

Die meisten E-Gitarren haben mehrere Tonabnehmer und Regler für Lautstärke und Ton, wodurch die Gitarren lauter, leiser, dumpfer, sanfter oder greller klingen können.